JN065177

「Laview」「52席の至福」と西武鉄道の行楽客輸送

堀内重人 著

αβ Books アルファベータブックス

本書において記述されている事柄は、西武鉄道株式会社が事実を保証するものではない。また、本書における意見や評価は、西武鉄道株式会社の見解を示すものではなく、あくまでも著者の独自取材に基づいた著者個人に属するものであり、西武鉄道株式会社の関与はない。

「Laview」「52席の至福」と西武鉄道の行楽客輸送／目次

はじめに

　西武鉄道は、関東を代表する大手民鉄の1つであり、東京都北西部から埼玉県南西部に路線を有している。鉄道事業と関連してバス・タクシー、旅行・観光、商業、不動産開発などの事業を行う西武グループの主要企業である。また2009年(平成21年)からは、プロ野球・埼玉西武ライオンズの親会社でもある。

　西武鉄道の花形は、池袋〜西武秩父間を結ぶ特急電車である。この特急電車は、1969年(昭和44年)に西武秩父線が全通した時から、秩父方面への観光客の輸送だけでなく、ビジネスマンの輸送も兼ねて、高アコモを有する特急専用車両を用いて運転されている。

　西武鉄道の特急電車といえば、どうしても池袋〜西武秩父間の「ちちぶ」を連想する傾向にあるが、他にも西武新宿〜本川越間の「小江戸」や、池袋〜飯能間の「むさし」などがあり、こちらは主にビジネス特急としての色合いが強い。さらに西武ドームでプロ野球の試合が開催される時は、池袋〜西武球場前間に、臨時特急「スタジアムエクスプレス」が運転されるなど、行楽客の輸送でも実績がある。

　西武鉄道の行楽客の輸送の歴史は長く、戦後に西武園ゆうえんちやユネスコ村が開園した時から開始される。そして1978年(昭和53年)のシーズンオフに、クラウンライターライオンズを買収して、「西武ライオンズ」が誕生すると、1979年(昭和54年)からは西武ライオンズ球場(現:メットライフドーム)への観客輸送が開始された。

　かつては、近鉄・阪急・南海も球団を所有し、プロ野球と鉄道事業を関連させて、増収・増益を図ろうとしたが、近鉄・阪急・南海は球団経営が赤字のため、経営資源を鉄道事業などに集中させた

く、球団経営から身を引いている。

　今では、西武と阪神だけが、球場への観客輸送を行っているが、西武は池袋などから、臨時の特急電車を運転するなど、通勤輸送の延長ではなく、行楽輸送に近い形で観客輸送が実施されていると言える。

　そんな西武も、不祥事による上場廃止だけでなく、米投資ファンドのサーベラスによる敵対的ＴＯＢにおいて不採算路線の廃止や西武ライオンズの売却なども提案され、ＴＯＢは事実上の失敗に終わったものの、西武グループの経営基盤が脅かされた時期もあった。

　そのようなこともあり、西武鉄道では西武秩父線を活性化させるため、「52席の至福」というレストラン電車を導入するだけでなく、自社の看板列車となるニューレッドアローの置き換えとして、2019年(平成31年)３月のダイヤ改正からは001系新型特急「Laview」を導入するなど、西武秩父線の活性化を模索するようになった。

　本稿は、首都圏という巨大な通勤・通学需要が見込める環境にはあるが、秩父観光やメットライフドーム(西武ドーム)・西武園ゆうえんちなど、行楽客の輸送にも取り組む西武鉄道の事例を取り上げ、今後の鉄道会社の経営の在り方を考えることを目的とする。

第1章

西武鉄道の行楽客輸送のはじまり

1 西武鉄道の沿革

（1）前身の武蔵野鉄道

　西武鉄道の前身は、武蔵野鉄道である。武蔵野鉄道は、1911年(明治44年)10月18日に巣鴨～飯能間の39.5kmで、鉄道事業の免許を取得しているが、会社の設立は1912年(明治45年)5月7日である。現在の西武鉄道の起点と言えば、「池袋」を連想するが、当初は巣鴨を起点とする計画であったという。これは巣鴨では、中山道と交差していたこともあり、現在のJR山手線が開業していたことから、既に市街地が形成されていたからである。

　だが当時の東京府(注1)は、池袋を起点にするよう指示したため、1913年(大正2年)4月に計画が変更される。東京府が、池袋への路線変更を求めた理由として、以下の2点が挙げられる。

①　当時の東京市電気局の路面電車が巣鴨へ乗り入れていた(注2)
②　東武東上線の起点が、池袋になること

　現在の池袋は、東京都豊島区の中心的な存在であるが、武蔵野鉄道が免許を取得した当時は、「東京府北豊島郡」であり、巣鴨が完全に東京市であったのに対し、池袋は東京市から外れた寂しい村であった。当時の池袋は昭和初期であっても、田園的な要素を多分に残していたという。事実として武蔵野鉄道は、西巣鴨町～高田町間に1.6kmの軌道(当時の東京市電と同じ1,372mmゲージ)の免許を取得し、池袋から自社の軌道線で乗客を、東京市内に送り込む計画を立てるほどであった。

　1915年(大正4年)4月15日に、現在の池袋線の一部である池袋

〜飯能間の43.8kmが開業した。

　現在の西武池袋線は、10両編成の電車が終日運転される大ドル箱路線であり、東京の通勤・通学輸送などを担う重要な路線であるが、西武鉄道のHP(https://www.seiburailway.jp/company/history/the-history-of-100-years/index.html)によれば、開業した当時は、ドイツのクラウス社製のＳＬが、客車を牽引していたという。今日の池袋線の姿からは、武蔵野鉄道が開業した当時を連想することは不可能であるが、武蔵野鉄道の開業は、この地域の人流だけでなく、物流も一変させるぐらいのインパクトがあったという。

　1922年(大正11年)に池袋〜所沢間が直流1,200Vで電化した。この時に、米国ウェスティングハウス社製の電気機関車を３両、導入しているが、これは貨物列車の牽引用であり、旅客輸送は電車が担った。

　1923年(大正12年)９月１日には、関東大震災が発生したことに伴い、その後は東京の西側へ向けた都市開発が進むようになり、1925年(大正14年)に飯能まで、全線を直流1,200Vで電化することで、運行頻度を高めることにした。そして1929年(昭和４年)９月10日には、吾野まで開業させた。

　ここで問題となるのは、飯能で進行方向を変えるスイッチバック運転を行いながら、吾野へ鉄道が建設されたことである。この理由は、２章で詳しく説明するが、当時の鉄道省(後の国鉄、現ＪＲ東日本)が八高線の建設を進めていたことと関係する。

　路面電車などを含め、当時の電化は直流600Vが主流であった。電圧と電流は、正比例の関係にあるため、高電圧を採用すると、より多くの電流が流れるようになり、高速運転を実施する上で有利になる。直流1,200Vの電化は、鉄道院(後の国鉄)所属の京浜線の電車で試みられていた程度であり、武蔵野鉄道が直流1,200Vの電化を

採用したことは、先見の明があったと言える。

　だが近鉄南大阪線の前身である大阪鉄道は、オランダが直流1,500Vの電化方式を採用していたこともあり、直流1,500Vの電化を採用した**(写真1.1)**。すると大手民鉄なども、直流1,500Vによる電化を採用するようになり、直流1,200Vの電化は中途半端な存在となった。[注3]西武農業鉄道の成立後には、(旧)西武鉄道との車両の運用に支障をきたす一因にもなっていた。

　蒸気運転を行っていた地方鉄道が、電化を実施した最初の事例は、現在のJR中央本線の前身である甲武鉄道である。甲武鉄道の場合、山岳路線であるから、トンネルが多くなってしまうため、SLでは急勾配における輸送力増強のネックとなる。

(写真1.1) 大阪鉄道が、日本で最初に直流1,500Vの電化を採用した。

　その点で言えば、電気運転であれば、煙も出ない上、登坂力があるため、輸送力が増強できる。明治期には、南海電鉄の前身である南海鉄道も、電気運転を実施している。

　だが大正時代の初期は、1914年(大正3年)に第一次世界大戦が勃発すると、物価高騰と資材の入手難があり、電化は一時的に中断するが、大正10年代に入ると、電化に対する追い風が吹くようになった。

　当時の米国のグレート・ノーザン鉄道(現:バーリントン・ノーザン・サンタフェ鉄道)では、カスケード峠を15KV・60Hzの三相交流を用いた電化により、旅客輸送の大幅なスピードアップと貨物の牽引[注4]

量の増加が齎され、好成績を上げていた。

　日本国内でも、都市化の進展に刺激されて、各都市で路面電車が運行されただけでなく、各地に電気鉄道ブームが巻き起こる。小田急電鉄は、「鬼怒川水力電気」という電力会社が、電気の大口消費先として設立するなど、電力会社が鉄道会社を設立する動きもあった。

　関東地方では、鉄道電化の筆頭は甲武鉄道が最初であり、これに鉄道院(後の国鉄)線が続いたが、地方鉄道の場合には、秩父鉄道が最初であった。秩父鉄道は、1922年(大正11年)1月20日から電気運転を実施しており、武蔵野鉄道の電化は、僅かに遅かっただけである。

　なお1927年(昭和2年)には、豊島線が開業しただけでなく、豊島線が開業した時に東村山〜川越(現:本川越)が電化されている。この区間は、川越鉄道により国分寺〜川越(現:本川越間)間の29.5kmが、1895年(明治28年)に開業していた。そのため現在、運営されている西武鉄道の路線の中で、最も歴史が古いのが国分寺〜本川越間となる。

　早くから川越へ鉄道が敷設された理由として、15世紀には江戸城を築城した太田道灌が、川越に城を築城したことで、城下町として発展したことが挙げられる。また荒川に沿って新河岸川を整備したことで、江戸との間で舟運が開けた。それにより武蔵の国の西部の物資の集積地として栄えた。また明治時代の中期までは、川越が埼玉県では最大の都市であり、蔵が多く建ち並んでいることから、「小江戸」と呼ばれた。

　国分寺は、甲武鉄道と接続するため、川越〜国分寺間に鉄道を建設して、物資を輸送することが目的であったためである。

　その蔵を含めた歴史的な街並みは、現在も残っており、観光の名

所にもなっており、西武鉄道では西武新宿〜川越間を結ぶ、特急「小江戸」が運転されている**(写真1.2)**。

(写真1.2) 西武新宿〜川越間には、10000系電車を使用した特急「小江戸」が、運転されている。

　この区間は、現在は新宿線となっているが、当時は村山線と川越線に分かれていた。そして1929年(昭和4年)には、狭山線が開業している。

　武蔵野鉄道のその後であるが、1924年(大正13年)に箱根土地(後のコクド、現:プリンスホテル)が、当時の東京府北豊島郡大泉村に大泉学園都市の分譲を開始する。

　その前年の1923年(大正12年)9月1日には、関東大震災が発生し、東京市内は焦土と化してしまった。堤康次郎は、「焦土と化したのを機会に、ゴミゴミとした大都会から学校を離さなければならない。学生たちには、もっと空気が良く風紀も良い新しい土地で勉強させるべきだ。それには府下の適当なところを開発して学校を移し、学校中心の新都市を建設せねばならまい」と考えた。

　この時には、100万坪の土地を購入し、道路と上下水道、電灯を整備している。

　今日では、大手民鉄の多くが実施している鉄道沿線の住宅開発である。関西では、箕面有馬電鉄を創業した小林一三も、沿線の宅地開発を実施しており、「日本の民鉄のビジネスモデル」と言われるようになった。

　そこで武蔵野鉄道は、東大泉駅(現:大泉学園駅)を建設し**(写真1.3)**、大泉村に寄贈している。これとは別に、箱根土地は東京府北多摩郡に、「小平学園住宅地」を経営する際に、住民の足となる鉄道敷設も試みられていた。

　「大泉学園」という駅名から、「大泉学園」という学校が創設されたと思われる人も多いかもしれないが、実際は「大泉学園」という学校は創設されておらず、学園都市構想で終わった。

(写真1.3) 大泉学園駅は、「学研都市構想」の一環として開業した。

　翌1925年(大正14年)には、箱根土地は武蔵野鉄道の株式の一部を取得し、1928年(昭和3年)に村山貯水池(多摩湖)および小平地区一帯を開発する目的から、「多摩湖鉄道」を設立する。これは当時の東京市の市長であった後藤新平が、上水確保の目的で、村山貯水池・山口貯水池を建設するという情報を基にしてである。同年の4月6日に、国分寺〜萩山間が開業しているが、開業した当時はガソリン動力を用いた車両であった。

　武蔵野鉄道は、多摩湖鉄道を創設して、国分寺〜萩山間を開業させた頃から、経営状態が悪化していた。それは翌1929年(昭和4年)

10月24日に、ニューヨーク証券取引所の株価大暴落が発生したことに端を発した、世界恐慌が発生したことも大きく影響している。

そこで1932年(昭和7年)に箱根土地の社長であった堤康次朗が、武蔵野鉄道の株式を買い集め、再建に乗り出すことになるが、1934年(昭和9年)8月28日に、武蔵野鉄道は鉄道抵当法に基づく強制執行が実施され、経営破綻した。

こうなると運賃収入が、強制的に管理人に差し押さえられた。さらに1935年(昭和10年)には、電力料金11万円の滞納を理由に、東京電燈から送電に関して制限を受けたことで、経営は一層苦境に立たされたが、皮肉なことに債権者を代表して債権を握ったのが、堤康次郎であった。

だが1936年(昭和11年)には、武蔵野鉄道と債権者の間で和議が成立したこともあり、同年の12月30日には、萩山で止まっていた多摩湖鉄道の路線を、村山貯水池まで開業させ、現在の西武多摩湖線は全通する(写真1.4)。

そんな中、1938年(昭和13年)になると、状況が好転する出来事があった。当時の大口債権者の東武鉄道の初代社長であった根津嘉一郎らが、漸く債務免除に応じたことで、武蔵野鉄道の経営再建に道筋が付いた。

1940年(昭和15年)3月12日には、武蔵野鉄道は同系の多摩湖鉄道を吸収合併する。そして同年

(写真1.4) 村山貯水池付近を観光リゾート地に変えた西武多摩湖線。

10月には、堤康次郎は根津嘉一郎および浅野財閥（元々の親会社）から、武蔵野鉄道の株式を取得する。これにより武蔵野鉄道の株式の過半数を確保したことになり、堤康次郎が社長に就任した。^(注5)

（2）旧西武鉄道時代（戦前）

　旧西武鉄道の歴史は、川越鉄道に始まる。川越鉄道は、甲武鉄道の関連会社として1892年（明治25年）8月5日に設立される。川越鉄道が建設された目的は、埼玉県下の入間・高麗・比企の郡部を、既成の日本鉄道（現：JR東北本線）や甲武鉄道（現：JR中央本線）と、連絡することで、物資を輸送することにあった。そして1894年（明治27年）12月21日に、現在の西武国分寺線の国分寺〜久米川（現：東村山）間が開業し、翌1895年（明治28年）3月21日に、現在の西武新宿線の一部である久米川〜川越（現：本川越）間が開業した。客貨共に、甲武鉄道に依存した経営環境にあった。

　その後、甲武鉄道は国に買収されて、現在の中央本線となるが、1920年（大正9年）6月1日に武蔵水電という電力会社に吸収合併された。この会社は、1906年（明治39年）4月16日に、川越久保町〜大宮間を開業させた川越電気鉄道を吸収合併している。

　この時代は、電力事業の黎明期であったため、電気鉄道が有力な顧客になった。それゆえ電力会社が、鉄道事業を創設している事例も多くある。だが川越電気鉄道は、自社で火力発電所を保有し、電灯・電力事業も行っていた。

　そうなると新規顧客の開拓というよりは、武蔵水電が川越電気鉄道を吸収合併することで、より広域的な電力供給の地盤を確保する目的と言えるかもしれない。事実、電力事業は鉄道事業と同様に「規模の経済」が働く装置産業であり、かつ費用逓減型産業である。

小さい事業者が供給するよりも、大きな事業者が「地域独占」とい
う形で、一括して供給する方が、1単位当たりの供給コストが下が
ることになる。

　武蔵水電に吸収合併された後は、川越久保町〜大宮間は、川越東
線となった。

　1921年(大正10年)10月には、武蔵水電は同年に淀橋町角筈〜荻
窪村間を開業させていた西武軌道を吸収合併した。「西武」の名前
は、この会社が起源である(注6)。

　翌1922年(大正11年)6月1日に武蔵水電は、帝国電灯に吸収合併
されたが、これは帝国電灯が武蔵水電の電力事業が欲しかったこと
による。

　余談となるが、戦前のわが国の電力事業は、中小零細な事業者が
数多く存在する状況にあった。それが1951年(昭和26年)に電力会社
が統合され、9社の電力事業者体制となり、後に沖縄電力が加わ
り、今日の10社体制になった。

　帝国電灯は、鉄道事業を運営する意思が無かったことから、鉄軌
道事業が切り離され、武蔵鉄道として独立するが、1922年(大正11
年)8月15日に(旧)西武鉄道に社名を変更した。同時に川越久保町
〜大宮間は、大宮線となった。

　旧西武鉄道となった1925年(大正14年)に、安比奈線の南大塚〜安
比奈間が開業するが、これは砂利を輸送することが主目的であっ
た。砂利などは「バルク貨物」であるため、輸送しても運賃単価が
安い上、どうしても往路だけの片荷になってしまう。空になった貨
車を積み出し地点へ戻す輸送が必要なことから、手間を要する割に
は、鉄道事業者の利益は低い。その反面、決まった日時に、決まっ
た量が届けば良いため、荷主の要求は厳しくないという特徴の貨物
である。

　旧西武鉄道が砂利輸送を実施した理由として、当時は関東大震災で被害を受けた東京市などでは、復興事業が行われており、砂利の需要が急増したことが挙げられる。砂利の採取・輸送・販売は、利益率は低くても、毎日安定した需要があったため、旧西武鉄道の重要な副業となる。

　1927年(昭和2年)4月16に、東村山〜高田馬場間が複線で開業する。少し時期は遅れるが、同年中に東村山〜川越駅間が、直流1,500Vで電化したことで、高田馬場〜川越(現:本川越)間で直通運転が開始される。武蔵野鉄道は、直流1,200Vで電化されていたが、旧西武鉄道は直流1,500Vで電化されたため、両者が統合されて現在の西武鉄道になった際、これを直流1,500Vへ統一するようにした。

　この年の8月30日には、多摩鉄道を吸収合併した。この鉄道は、現在の多摩川線であり(写真1.5)、他の西武鉄道とは接続しない独立した路線であるが、西武鉄道が買収して吸収合併したのは、沿線から豊富に産出する砂利を輸送する目的からである。そして多摩川線は、戦後には多摩ニュータウンへの延伸計画があった。計画では西武鉄道・京王帝都電鉄(現:京王電鉄)・小田急の3社が多摩市への延伸について調印している。

(写真1.5)
多摩川線は、砂利輸送を目的で建設された。

西武鉄道は、当初は多摩センターまでの予定であり、他の2社と同じく、さらに橋本・城山方面への延伸も目論んでいたが、その際に問題となったのが、西武多摩川線の起点となる武蔵境駅が、国鉄（現：JR東日本）との接続駅であることであった。

　もし西武鉄道の多摩センターへの延伸を認めてしまうと、中央本線の通勤電車の混雑がより一層酷くなると、当時の運輸省が判断したため、西武鉄道が申請した鉄道敷設の免許申請が取り下げられた。

　結果的に、京王電鉄や小田急は多摩センターへの乗り入れが実現しているが、西武鉄道は実現しなかった。

　その後の旧西武鉄道であるが、1941年（昭和16年）には、前年の1940年（昭和15年）に川越線が開業したことに伴い、大宮線は営業が休止となっていたが、2月25日で廃止になっている。そして戦時中の1943年（昭和18年）6月に、箱根土地（後のコクド）が経営権を獲得し、堤康次郎が社長に就任すると、国策的な業務も行うようになった。この時点で、堤康次郎は武蔵野鉄道と旧西武鉄道の社長に就任している。この年の10月1日には、東京府と東京市が合併して、東京都が誕生している。

　翌1944年（昭和19年）6月には、第二次世界大戦の戦況が不利になり、国民の食料不足が顕在化した。そこで堤は、沿線の耕地を利用した大規模食糧供給を目的に、㈱食糧増産という会社を設立して、食料の供給にあたるだけでなく、同年には東京都からの委託によって糞尿輸送が開始された。

　現在では、ヘドロの蓄積などの環境上の問題で実施しづらいことではあるが、当時は都内の糞尿処理は、一部はトラックで湾岸へ運んで、船に積み替えて東京湾へ捨てていた。それ以外は、肥料として田畑に撒いたりもしていた。

　戦争が激化すると、運転手が兵隊に取られて人手不足が顕著になっただけでなく、ガソリンも統制されていたこともあり、トラックで輸送することに支障を来していた。一部では、自宅の庭に穴を掘って、埋めるという極めて衛生状態が悪い状態にあった。

　当時の道路事情が悪く、東京23区内以外は満足に舗装された道路がなく、雨が降れば道路は泥濘、物流は滞っていたのが実情であった。これは戦後、暫くの間もその状態が放置された。

　1954年(昭和29年)には、ガソリン税などの道路特定財源の基礎が出来るが、1956年(昭和31年)に来日した米国のワトキンス調査団も、「日本の道路は極めて悪い状態にあり、道路整備は喫緊を要する課題である」と、ワトキンス・レポートという調査報告書で示している。それ以降、わが国では道路建設に偏重した交通政策が展開されることになる。

　そこで武蔵野鉄道と旧西武鉄道と食糧増産の3社が一体となり、専用貨車と積込所・貯溜施設を造り、大規模な糞尿処理を担うことになった。積み込み所は、新宿線では井萩などの都心部に近い場所に設け、貯留施設は東京の郊外に設けられた。それゆえ海洋へ投棄するのではなく、肥料に加工する考えを堤は持っていた。

　肥料や糞尿などを輸送しても、貨物運賃は政策的に安く抑えられているため、利益率は良いとは言えないが、糞尿輸送は安定して発生する需要である。堤は、そこに着眼して、さらに輸送規模を拡大させようとした。

　糞尿の輸送は、臭いがすることを考慮して主に深夜に行うが、これだけでは片荷輸送となって、効率が悪くなる。そこで復路は、貨車の上に特設台を設置し、都内向けの野菜を運搬する計画であった。

　だが糞尿を輸送していると、揺れて零れるなどの問題が生じてし

まう。衛生上や悪臭の問題から、糞尿輸送は次第にその輸送量を減らした。そして戦争が終了して、世の中が安定してくると、化学肥料の流通も始まるようになり、1951年(昭和26年)に輸送が休止となる。その後は、下水道や浄化槽の普及もあって、汲み取りを行う必要性も下がったこともあり、それ以降は再開されないまま、1953年(昭和28年)3月末で廃止になっている。

戦後の糞尿処理は、東京などは人口が爆発しており、肥料として使用することでは対応が出来なくなっていた。し尿処理場が建設されて、そこで処理されたりする自治体もある。

それが建設出来ない自治体は、太平洋などの海流が速く流れる沖合で放流していたりする。ユニークな取り組みとして、福岡県みやま市では、各家庭から出る糞尿などを集め、建設されたプラントで発酵させてメタンガスを生成し、これを用いて発電を行ったり、液体肥料に加工を行って、地元の農業の推進に活用している。

これは人口減少や高齢化などで、みやま市が危機感を持っており、糞尿も「バイオマス」の一種と考え、新規雇用を創出する手段として、積極的に発電や肥料への加工を行い、循環型の社会の形成を目指している。

(3) 合併による新西武鉄道の誕生

戦後であるが、1945年(昭和20年)9月22日に、武蔵野鉄道と旧西武鉄道と食糧増産の3社が合併して、「西武農業鉄道」となっている。戦時中に合併された鉄道事業者やバス事業者は多いが、これは1938年(昭和13年)に成立した陸上交通事業調整法により、交通事業者を統合して合理化を行い、兵隊を確保することが目的であった。

西武農業鉄道の成立も、陸上交通事業調整法に基づくが、3社とも社長が堤康次郎であったことから、企業文化も似たものとなり、統合しやすかったことも影響していると考える。

合併を機に、電化方式は日本では一般的な直流1500Vに統一され、形式・番号も一体的に改番・整理された。そして塗装は、(旧)西武鉄道の黄色と茶色の2色塗りに統一された。そして翌1946年(昭和21年)11月15日に、現在の「西武鉄道」に、名称が変更された。

西武鉄道の戦後の復興は、他社と比較して目覚ましかった。

他の大手民鉄は、国鉄(1949年〔昭和24年〕5月末までは、運輸通信省)のモハ63系電車^(注11)という、戦時中から戦後の極度に物資が不足した時代に製造された車両の割当てにより、体制を整えようとしていた。

西武鉄道では、当時の運輸通信省の戦災車や事故車を譲り受けていた。これらが枯渇すると、老朽廃車となった木製の車両を大量に譲り受け、自社の所沢車両工場で修繕するだけでなく、木製車体の鋼体化を実施した。

この行為は、日本国有鉄道が発足する以前の運輸通信省でも実施されており、木製の17m級の車両を、20m級の鋼製車両にする改造を行っていた。またモハ63系電車は、1951年(昭和26年)に桜木町で列車火災事故を起こして、多数の死傷者が発生したこともあり、車体を鋼体化してモハ73系電車として、再出発している。

これにより、新製されたモハ63系電車を割当ててもらう見返りに、従来車を地方私鉄に供出する義務から解放された。

結果として、西武鉄道は車両不足に陥ることがなく、輸送力増強を成し遂げた半面、国鉄の改造車ばかり走っていたことから、利用者からは「第2の国鉄」とまで呼ばれた。その後、徐々に車体は新造するようになったが、台車や機器類は国鉄から譲り受けていた。

さらに鉄道連隊の施設・器材を獲得していたが、その一部を手放すことの見返りとして、高田馬場〜西武新宿間の免許を取得している。そして1952年(昭和27)年、高田馬場〜西武新宿間(**写真1.6**)が開業しているが、当時の西武新宿駅は、(旧)国鉄新宿東口への延伸のため、「仮駅」という位置付けだった。

(**写真1.6**) 西武新宿駅は、戦後になって開業した。

1954年(昭和29年)からは、漸く完全な車両の新造が始まり、この時に製造された351系電車(当時は501系電車)は、西武電車の基本デザインである正面が非貫通で、かつ正面が二枚窓の「湘南デザイン」を、長きに渡って確立した。

戦後の西武鉄道の営業方針は、「質より量」であった。車両の高速化は、いち早く実施されたが、1950年代の中盤からは東急電鉄などの他社では、カルダン駆動の高性能車が登場していたが、西武鉄道には吊り掛け駆動の車両しか、存在しなかった。これは西武鉄道が、他系列との併結を考慮して、車両性能の統一化を図ることが目的であったことによる。

昭和20年代の終わり頃には、戦時中は営業を休止していた多摩湖や狭山湖周囲の路線が復活している。戦後は、このエリアには様々な観光・レジャー施設が設けられ、行楽地として発展していく。

昭和30年代になると、西武鉄道は豊島園(現:としまえん)(**写真1.7**)という遊園地の合併、宅地造成と販売、西武園という遊園地の拡充を行うなど、他の大手私鉄と同様の道を歩むことになる。また沿線

が急速に都市化したことに伴い、電車を大量に増備するだけでは対応出来なくなった。1968年(昭和43年) 5月には、小平〜玉川上水で止まっていた路線を拝島まで延伸させ、拝島線という形で開業させるだけでなく**(写真1.8)**、幹線の複線化を実施するなど、通勤鉄道としての色彩が強まった。

(写真1.7)
としまえん遊園地は、都心に近い場所にあり、週末には家族連れで賑わった(2020年〔令和2年〕8月31日に閉園)。

(写真1.8) 拝島線の歴史は浅く、1968年(昭和43年)に開業している。

　西武鉄道で最初のカルダン駆動の電車は、1962年(昭和37年)に誕生した601系であり、翌1963年(昭和38年)には701系電車が誕生した。東急電鉄では1954年(昭和29年)にカルダン駆動の電車が誕生

し、国鉄で101系電車が誕生したのが、1957年(昭和32年)であるから、西武鉄道では5〜10年程度遅れて、カルダン駆動の電車が導入されている。これらのカルダン駆動の電車は、車内は静寂であり、揺れや振動が少なくなって乗り心地は向上した。だが西武鉄道では、旧来の吊り掛け駆動車との併結が前提であったことから、カルダン駆動車の持つ、加減速性能の良さが発揮出来なかった。

　カルダン駆動が採用されたことで、モーターを台車の中に収納する必要があるため、電動車の台車は新製せざるを得なくなった。だが付随車の台車であれば、モーターなどの動力源がないため、国鉄から譲り受けた旧式の台車を改造して使用しても、問題が生じない。

　そんな西武鉄道ではあったが、西武秩父線の開業を控えたころから、意識が変化する。西武秩父線は山岳路線であるため、25‰の急勾配が連続する。西武秩父線では、勾配抑速ブレーキを搭載した車両でなければ、下りの急勾配で高速運転に支障を来す。そうなると、従来車と併結して運用する必要がなくなり、西武鉄道にとっては真の意味での高性能車の導入が可能となった。

　西武鉄道が、他社よりも早かったのは、10両編成での運転である。昭和30年代は、他社では未だ6両編成が最長であり、かつ18m級車両で編成を組んでいたが、1963年(昭和38年)11月1日からは、西武鉄道では池袋〜所沢間で、日本の民鉄初の10両編成の運転が実現した。

　当時は、ラッシュ時の乗車率が200%を軽く超えており、少しでも混雑を緩和して、通勤時の苦痛を和らげる必要性に迫られていた時代である。10両編成の運転の実現により、西武鉄道の「質より量」という経営方針が、初めて結果に繋がったと言える。

　そんな西武鉄道も、1969年(昭和44年)には自社のイメージチェン

ジと、新しいイメージの確立に乗り出した。現在でも、西武鉄道と言えば「黄色い電車」であり、その第1号となる101系(**写真1.9**)が登場する。「黄色い電車」のイメージは、2019年(平成31年)3月にデビューした新型特急の「Laview」にも受け継がれており、座席や壁面などに黄色が多用されている。

(**写真1.9**) 西武鉄道の電車をイメージづけた101系電車。

101系電車のその後であるが、1972年(昭和47年)に4両編成6本の冷房試作車が登場する。5000系特急「レッドアロー」には、集中式のクーラーが採用されたこともあり、西武鉄道では一般電車の冷房は、集中式のクーラーの採用が決定する(**写真1.10**)。そして車両の高性能化だけでなく、冷房化が急ピッチで実施されるようになった。

(**写真1.10**)
西武鉄道では、現在も集中型のクーラーを採用している。

1977年(昭和52年)になれば、西武鉄道では初の本格的な4扉車であり、かつ界磁チョッパ制御で、電力回生ブレーキを備えた2000系電車(**写真1.11**)も登場した。2000系電車は、従来の西武鉄道の車両のイメージを、根底から覆す車両であった。

(写真1.11) 西武鉄道初の省エネ電車である2000系。

　従来の西武鉄道の電車は、正面が非貫通型であり、かつ正面は2枚窓であったが、2000系電車からは、貫通路が設けられた点からして、大きく異なっていた。これは西武新宿線の地下化計画と関係している。2000系電車がデビューした当時は、西武新宿線を地下化する計画があった。西武新宿線が地下化されると、非常事態が発生した際、乗客は貫通路を通ってしか、脱出させることが出来ないからである。

　西武新宿線の地下化計画は、西武鉄道『会社要覧2019』によれば、中井〜野方間が2014年(平成26年)に、着工されているとなっていたが、西武鉄道では2019年(令和元年)に地下化計画が廃止されたという。ラッシュ時では、2000系電車同士を連結して運転するこ

(写真1.12)
2000系電車の貫通路は、使用されていなかったりする。

ともあるが、その時には貫通路は、使用されていなかった**(写真1.12)**。

そして電力回生ブレーキが備わるようになり、制動時に生じた電気を架線に戻し、再利用が可能になったことから、省エネルギー化に繋がる。また4つ扉の車両は、ラッシュ時の乗降時間の短縮にも貢献することから、列車の運行時間の短縮にも繋がった。

1985年(昭和60年)3月末の時点では、西武鉄道は912両の電車を保有していた。その内の97%が高性能車であり、多摩川線などを除けば、ほぼ冷房化されており、冷房化率も91%に達していた。この数値は、関東の大手民鉄の中でも、第1位であった。

これより20年前の西武鉄道は、「質より量」であり、たとえ車両の性能や品質が劣ったとしても、大量の車両を所有し、大量の人員を運ぶことが経営方針であった。それが1985年頃になれば、その

(写真1.13)
西武鉄道の本社は、所沢駅前に位置する。

当時とは隔世の感がある。

1986年(昭和61年)に西武鉄道は、本社を東京都豊島区から埼玉県所沢市へ移転した**(写真1.13)**。同時に西武グループ本社も移転している。東京都23区内に路線を持つ鉄道事業者は、現

在も都区内に本社を置くことが多い。

　だが本社の機能を、東京の中心地から移転させた事例は他にもあり、京王電鉄や京成電鉄などが挙げられる。京王電鉄は、新宿から多摩市の聖蹟桜ヶ丘へ移転、京成電鉄は2013年(平成25年)に、本社を東京都墨田区から千葉県市川市へ移転している。

　所沢は池袋線と新宿線という主要路線が2本交わる交通の要衝である。池袋に本社があれば、情報は得やすい反面、地価が高いこともあり、固定資産税も高くなる。所沢へ本社が移転すれば、所沢駅を中心に西武鉄道の持つ都市開発や住宅整備を行えば、沿線の開発・活性化を図れる。また沿線や輸送サービスの実態確認も容易になる。京王電鉄や京成電鉄の本社移転も、同様の理由からである。京王電鉄の場合、聖蹟桜ヶ丘へ本社が移転したことで、京王百貨店なども開業し、駅前に賑わいが増した。

　だが2017年(平成29年)1月16日には、西武ホールディングスは都心での事業の展開を強化したく、2019年(平成31年)春には、かつての本社所在地にビルを建設し、そのビル内に本社を移転した上で入居することを発表した。

　西武グループとしては、33年ぶりに池袋の地へ復帰することになったが、西武鉄道の本社は所沢市に残る予定である。

　近年は、「地方の衰退」が叫ばれているが、その多くが東京へ移住しており、移住者が増加傾向にある。関西などでは、多くの民鉄の利用者数は、横ばいから微減で推移していたりするが、西武鉄道の利用者数は、減少していない。

　だが京王電鉄などと比較すれば、増加の割合は鈍化している。関東の民鉄の中でも、小田急電鉄や東急電鉄では、利用者数の増加に対応して、複々線化を積極的に進めている。

　だが少子高齢化が進行すれば、何れは利用者数も減少に転じる

と、西武鉄道は考えている。そのような理由から西武鉄道は、複々線化に歯止めを掛けているが、老朽化した駅施設などのリニューアルは活発に進めている。

2 狭山湖周辺のリゾート開発のはじまり

（1）西武園ゆうえんちの開園

　西武鉄道と言えば、小田急と、箱根山や伊豆のリゾート開発を競い合ったイメージが強いかもしれないが、自社の沿線でもリゾート開発を行っている。それは多摩湖周辺であり、戦後は現在も継続している「西武園ゆうえんち」**(写真1.14)** と、「ユネスコ村」が開園している（2006年〔平成18年〕に閉園）。

　多摩湖周辺が、一種のリゾート地の様相を呈するようになったきっかけは、1927年(昭和2年)に村山貯水池が完成したことである。当時の東京市の人口が増加傾向にあったことから、東京市の住民の生活用水の供給地として水源を確保する必要性が生じた。そこで東京の西部の多摩地区に村山貯水池が完成した。

(写真1.14)
少子化などで閉園する遊園地が多いが、西武園ゆうえんちはファミリー層向けの遊園地として、今も健在である。

　村山貯水池は、八王子の西側に位置する高尾山や、箱根の芦ノ湖などに匹敵する景勝地となった。東京の都心部から比較的近いこともあり、旧西武鉄道だけでなく、周辺の私鉄も行楽客などの乗客を獲得したく、村山貯水池を目指して支線

を建設するだけでなく、既存の路線を延長するなどを行った。

　西武鉄道の前身の１つである武蔵野鉄道は、西所沢から分岐して村山公園駅(注12)(現:西武球場前)に至る支線(現:西武狭山線)が、1929年(昭和4年)５月１日に開通するが、この時は直流1,200Vでの開業であった。この路線は、多摩湖方面への行楽客の輸送で活躍するが、戦時中は不要不急の路線として「休止」となった。そして戦後の1951年(昭和26年)に復活した。

(写真1.15)「西武球場前駅」は、かつては「多摩湖駅」であった。

　狭山湖駅は、1978年(昭和53年)11月に現在の場所に移転したことで、狭山線の営業キロ数は0.3km短くなった。そして1979年(昭和54年)３月25日に「西武球場前」へと改名された**(写真1.15)**。

　狭山湖駅の移転と駅名の変更は、1978年(昭和53年)の秋に、プロ野球のクラウンライターライオンズが球団の身売りを言い出し、国土建設の堤義明が、クラウンライターライオンズを購入し、西武ライオンズという新球団が誕生したことと関係する。そして当時は建設中であった西武ライオンズ球場**(写真1.16)**が、新球団である西武ライオンズの本拠地となり、観客輸送をするのに適した、球場の傍に移転することになった。

　現在の西武狭山線は、西所沢〜西武球場前を結ぶ4.2kmの単線の鉄道であるが、5:00〜23:00台まで運転が行われており、日中は４両編成の電車を用いて、15分間隔の運転が行われている。

　西武鉄道の前身の１つである多摩湖鉄道は、後に旧西武鉄道に吸

(写真1.16)
「西武ライオンズ球場」は、現在は「メットライフドーム」に名称が変更されている。

収されるが、萩山から延長して村山貯水池までが、1930年(昭和5年)1月23日に開通している。この路線は、現在の西武多摩湖線である。1936年(昭和11年)12月30日に国分寺〜多摩湖(現：西武遊園地)間の全線が開通している。

開業した当時は非電化であり、同年の5月7日に直流600Vで電化されたが、戦後も直流600Vのままであったため、他の西武鉄道の路線とは、車両の運用面で支障があった。そこで1961年(昭和36年)9月21日に漸く、直流1,500Vへ昇圧された。

現在の多摩湖線は、国分寺〜西武遊園地間を結ぶ9.2kmの単線の鉄道であり、8両編成で運転されるが、ワンマン運転を実施している。

旧西武鉄道は、東村山から村山貯水池まで延伸する形で(現：西武園線)を、1930年(昭和5年)4月5日に開通させた。村山貯水池駅は、他の民鉄との競争に負けないように、旧西武鉄道が開業させた駅であったが、その後は他の民鉄が全て新西武鉄道に吸収合併されたため、全くの無駄となった。そこで1951年(昭和26年)3月1日に、野口信号所〜村山貯水池間が廃止された。村山貯水池駅は、西武園駅に統合される形で廃駅となり、西武園駅が常設駅となった。これにより東村山〜西武園の2.4kmを結ぶ、現在の西武園線となった。

戦前は、村山貯水池を目指して、各鉄道事業者は鉄道の建設を進

第1章 西武鉄道の行楽客輸送のはじまり

めたが、第二次世界大戦の末期には、観光を目的とした鉄道路線は「不要不急」とされ、「多摩湖線」「西武園線」「狭山線」は、いずれも営業中止となり、戦後は鉄道事業者の合併により、現在の西武鉄道になっている。

　戦争で、東京をはじめとする日本の主要都市は、空襲により焦土と化したが、1946年(昭和21年)になると、世の中は復興に向けて動き出しつつあった。そこで西武鉄道は、村山貯水池の傍に20万坪の広大な土地を、1947年(昭和22年)10月に入手し、遊園地の建設に乗り出すことになった。西武鉄道とすれば、遊園地を鉄道利用を促進させる切り札と考えていた。それにより西武園ゆうえんちの歴史が始まる。

　1948年(昭和23年)4月1日には、遊園地を建設する資材や作業員を輸送するため、西武園線が営業を再開するが、この時に「狭山公園」を「村山貯水池」に改称している。

　1950年(昭和25年)1月25日には、西武園ゆうえんちの前身である東村山文化園が開園した。園内には、大衆性の高いウォーターシュート、飛行塔、ボート場、豆自動車などが建設された。そして暑い夏場は、プールを設けることで来園者を確保するようにした。遊園地のプールを利用する場合、一般的には入場料＋プール代となっている。

　さらに同年には、戦前から存在した村山ホテルを大改装し、多摩湖ホテルと改称してオープンさせている。その上、当初計画になかった村山競輪場が開設された。そしてユネスコ村も開園する運びとなり、同年に多摩湖ホテル前〜ユネスコ村を結ぶ山口線の前身である「おとぎ列車」が、762mmゲージで開通したが、開業時は遊具であった。

　1951年(昭和26年)9月16日に東村山文化園は、「西武園」と改名

された。同年には、戦時中は営業を休止していた狭山線が、営業を再開している。また「おとぎ列車」は、1952年(昭和27年)に地方鉄道法に基づき、山口線という名称の鉄道として営業するようになった。

　その後の西武園ゆうえんちの周辺やアクセス手段の変化であるが、多摩湖ホテルは1961年(昭和36年)秋に老朽化を理由に取り壊されている。1979年(昭和54年)3月25日に、従来の多摩湖駅が西武遊園地と駅名が改称されたことで、西武園ゆうえんちのPRに大きく貢献するようになった。また西武園ゆうえんちへのアクセス手段でもある山口線は、設備の老朽化だけでなく、西武ライオンズ球場への観客輸送も加わり、輸送力増強が求められた。

　そこで1984年(昭和59年)5月14日に営業を休止し、案内軌条式の新交通システムに生まれ変わることになった。そして西武遊園地〜西武球場前間の2.8kmが、1985年(昭和60年)4月25日に開業した（写真1.17）。同時に遊園地前〜ユネスコ村間が廃止されている。

(写真1.17) 山口線は、新交通システムとして、運行されている。

(写真1.18)
東京ディズニーランドは、東京ディズニーシーと並んで、少子化や人口減少の影響を受けず、好調を維持している。

　1985年(昭和60年)は、山口線がリニューアルしただけではない。西武園ゆうえんちも、1983年(昭和58年)に開園した「東京ディズニーランド」(**写真1.18**)への対抗策として、ほぼ全面的なリニューアルが実施された。これにより西武園ゆうえんちは、ファミリー層向けの遊園地の様相が濃くなった。

（2）ユネスコ村の開園

　ユネスコ村は、1951年(昭和26年) 9 月16日に、埼玉県所沢市に開園した西武鉄道が所有する遊園地であった。ユネスコ村が開園した契機は、日本が国際連合教育科学文化機関(UNESCO)に、60番目に加盟したことが挙げられる。これと同時に上堰堤で止まっていた山口線を、ユネスコ村へ延長している。この山口線は、1984年(昭和59年)に一度は廃止され、翌年には新交通システムに置き換わる。ユネスコ村は、西武狭山線と新交通システムの西武球場前駅を下車して、徒歩で3分の場所にあった。

　園内には、東武鉄道の子会社が経営する「東武ワールドスクウェア」のように、世界各国の建築物のミニチュアが再現されていた。それ以外に、オランダの風車、トーテムポールなどが園内を飾っていた。メリーゴーランドなどの遊具もあったが、遊園地というよりは、テーマパークのイメージが強かった。

　東京近郊に位置していたことから、人気行楽地として親しまれ、村山貯水池も近くにあることから、小学校の遠足などにも重宝された。また野外ステージでは、連日イベントが行われていたほか、人気アイドル歌手のコンサートも開催されていた。

　ユネスコ村の一番のトピックは、1961年(昭和36年)11月22日に公開された映画『はだかっ子』である。この映画は、父親をインドネシア戦線で亡くし、チンドン屋の三味線弾きなどをやっている母と二人で、長屋の屋根裏に住んでいる貧しい環境ながらも優しい心を持つ少年が主人公の映画であるが、園内では写生大会が行われている場面が描かれていた。

　ユネスコ村は、バブル期の1990年(平成2年)11月4日で、設備の老朽化や、設備が時代のニーズに対応出来なくなったことなどを理由に、約40年に渡る歴史に、一度は幕を下ろす。その際、1997年(平成9年)から2006年(平成18年)の閉園までは、西武園ゆうえんちなどと共に、西武レクリエーションが受託運営をしていた。

　閉園前の旧ユネスコ村には、オランダ風車、世界41か国のモデルハウス、ペット動物園、マレーシア館、野外ステージ、山口線のおとぎ電車などが、遊具・アトラクションとして、備わっていた。

　旧ユネスコ村は、1990年(平成2年)11月4日で、一度は閉園するが、1993年(平成5年)12月22日に、恐竜をテーマにした「ユネスコ村大恐竜探検館」として、リニューアルオープンしている。

　西武グループは、横浜に水族館・遊園地・ショッピングモール・ホテル・マリーナなどで構成する複合型の海洋レジャー施設である「横浜・八景島シーパラダイス」も、同年にオープンさせている。横浜・八景島シーパラダイスは、横浜に位置していることから、西武鉄道の沿線ではない。

　八景島シーパラダイスが開業した経緯であるが、横浜市金沢区

が、埋立地に関するコンペを行った際、ここに西武グループも参加した。西武グループは、「横浜・八景島シーパラダイス」の計画を提出し、最終的に横浜市は西武グループが提出した計画を選んでいる。

ここのプレジャーランドと同じく、スイスに本部を置く、遊園地の遊具やモノレールなどを設計・製造するインタミン社製のアトラクションを、「ユネスコ村大恐竜探検館」でも多く導入している。

開業した当初は、映画『ジュラシックパーク』が公開されたことで、恐竜ブームが起こり、休日などは人気を博した。その反面、平日は小学校の遠足などの団体客が中心であり、園内は閑散としていた。そこで西武園ゆうえんと同様に、平日は水曜と木曜(冬季は火曜日も追加)を、休園日としていた。少しでも来園者を増やしたく、1995年(平成7年)に新しいアトラクションとして、「UFO」(フライング・アイランド)を、1999年(平成11年)には「バーチャルライドシアター」を投入している。

さらに「大恐竜探検館」開業以降は、西武園ゆうえんちと関連させ、2つの施設で共通の入園・パスポートも発売されていた。また2004年(平成16年)頃より、少しでも来園者を増やしたく、西武ドーム(現:メットライフドーム)の観戦券を提示すると、入園料が半額となるサービスも実施されるようになった。これにより西武ドームで試合が開催される日は、「ユネスコ村大恐竜探検館」も、混雑する盛況ぶりであった。

だがレジャーの多様化もあり、客足は減少傾向にあった。1994年度(平成6年度)は、80万人以上もあった来館者数は、2005年度(平成17年度)には、24万人台へと落ち込んだ。

当時の西武グループは、経営再建段階にあり、来園者数が減少傾向にあるユネスコ村は、整理対象となった。そのため2006年(平成

18年) 9月30日で営業を休止するが、営業再開や再開発の目処は、現在も白紙の状態である。

　「大恐竜探検館」の閉館後も、建物は現在も健在であり、ゆり園は5月下旬から7月中旬に掛けて、単独で営業をしている。

(注1) 1871年(明治4年)に廃藩置県が実施されたことで、「藩」が廃止されて「県」が置かれたが、東京、大阪、京都は「府」となり、蝦夷は「北海道」となった。道府県のトップは知事であるが、「藩」のように世襲制ではなく、内務大臣により選ばれるようになった。

(注2) 現在の東京23区は、1943年(昭和18年) 9月末までは、東京府東京市であった。

(注3) 鉄道院の京浜線(現：京浜東北線)などは、最初は直流1,200Vで電化されていたが、近鉄南大阪線の前身である大阪鉄道が、直流1,500Vの電化を採用すると、他の事業者も直流1,500Vの電化を採用するようになった。直流1,200Vで電化された区間なども、後に直流1,500Vへ昇圧している。

(注4) グレート・ノーザン鉄道(現：バーリントン・ノーザン・サンタフェ鉄道)のシアトル〜セントポール間は、ロッキー山脈越えの急勾配が連続するため、三相交流11KV・60Hzによる電化が実施されていた。たが戦後の1956年(昭和31年)には、ディーゼル機関車に置き換えることになり、架線は外されている。

(注5) 長年、西武鉄道の株式の内、約45%を㈱コクドが保有していて、他に西武建設の保有分を合わせると、関連会社による持分が過半数を占めていたのは、この一件に由来する。

(注6) 現在の西武鉄道が、2007年(平成19年) 3月まで使用していた西武の「西」という字を図案化した社章も、西武軌道という会社が使用していた社章であった。

(注7) 道路特定財源は、2009年(平成21年) 3月末で廃止され、一般財源化されているが、かつては道路建設や道路の改良など、道路に関係する業務に限定して使用される特別会計が存在した。創設者は田中角栄であり、最初はガソリン税などから始まり、その後は自動車重量税なども創設され、自動車が増え、かつ自動車が走行すればするほど、道路建設の財源が潤うことになった。最盛期には、年間で6兆円程度の資金が集まった。

(注8) この時の輸送力は、決して高くなく、積込所も2か所、貯溜槽も7か所しかなかった。

(注9) 当時都内からは、1日約38,000石の糞尿が排出されていた。堤は、東京都内の糞尿全てを処理できるように構想を立てた。専用貨車を115両新造して輸送能力を1日20,000石に上げると共に、武蔵野鉄道と旧西武鉄道の沿線に、糞尿貯溜槽を数十か所設け、約271,000石の糞尿を溜めるように計画した。

(注10) 書類上は1953年(昭和28年) 3月30日までの契約であった。

(注11) 村山公園駅は、村山貯水池際から村山、狭山湖を経て、西武球場前へと改称された。

(注12) 1936年(昭和11年)12月30日に、現在の西武多摩湖線が全通した際、武蔵大和へ駅名が改称された。

第2章

西武秩父線の開業

（1）西武秩父線建設の目的

　西武秩父線が建設されたのは、「秩父方面への観光客やビジネス客の輸送が目的である」と思われる人が多いかもしれないが、実は当時は観光客やビジネス客の輸送は、副次的に考えられていた。

　むしろ沿線には武甲山があり、この山からは石灰石が産出される。石灰石はセメントの原料であるから、秩父地方で生産されたセメントの輸送こそが、西武秩父線が建設された重要な目的であった。

　西武秩父線の起点は吾野であるが、吾野までは池袋線として、戦前に開業していた。そこから西武秩父に至る延長18.9kmの路線を建設することになり、1967年(昭和42年) 7月に着工した。

　吾野～西武秩父間は、秩父山系の山々を貫く形で経路が選定された。そうなると長大トンネルを掘削する必要性が生じた。

　西武秩父線には、正丸トンネルという4,811mの長大トンネルがあり、当時の民鉄路線では、近鉄の青山トンネルや生駒トンネルを抜いて、民鉄では最長の山岳トンネルであった。このトンネルが長大であったため、トンネル内に正丸トンネル信号所が設けられており、ここで列車の行き違いの停車が実施されている。トンネルの連続だけでなく、西武秩父～横瀬間には35‰の急勾配区間があるが、ここは貨物列車が運行されることがなかったため、特急電車などの運転には、支障はなかった。

　それでも25‰の急勾配区間は、各所に点在する山岳路線となったが、最急曲線は300mに抑えられている。1969年(昭和44年)10月14日に開通したことで、池袋からの5000系有料特急の運転が開始されただけでなく、セメント輸送も開始した。

セメント輸送を実施することから、列車交換が可能な駅では、3つの列車が交換出来るような配線とされた。そして駅の構内も、長大編成の貨物列車の交換に支障が生じないよう、有効長が長めに取られており、これが現在でも10両編成の「S-TRAIN」を、西武秩父まで乗り入れを可能にしている。

終点となる西武秩父駅は(写真2.1)、かつての秩父農業高校の跡地に開設された。ここであれば秩父の街にも面していた上、秩父鉄道の御花畑駅(写真2.2)とは、徒歩でアクセスが可能である。西武秩父〜横瀬間には、35‰の急勾配が誕生することにはなったが、それでも西武秩父駅は西武鉄道にとっては、秩父地区の営業拠点ともなった。

(写真2.1) 西武秩父駅は、秩父農業高校の跡地に建設された。

(写真2.2) 西武秩父駅と秩父鉄道の御花畑駅とは、徒歩でアクセスが可能である。

だが当時の秩父鉄道は、西武秩父線の開業については、快く思っていなかった。貨物は、自社と競合しないが、問題視したのは旅客輸送である。

西武秩父線が開業するまでは、東京へ行くとなれば、秩父鉄道で寄居へ出て東武東上線を利用するか、熊谷まで出て国鉄を利用することが一般的であった。

そうなると秩父鉄道は、西武秩父線が開業したことで、自社の旅客が西武秩父線へ流れ、旅客収入が激減するという危機感を持った。

　ところが西武秩父線が開業してみると、東京の人達も秩父へ来るようになり、この人達を自社に取り込んで、長瀞や三峰口へ輸送を行えば、自社にとって増収・増益になることに、秩父鉄道も気が付くようになった。西武秩父線の開業から時間は経過したが、長瀞・三峰口方面へ直通する列車の運転も、開始されるようになった。

（2）実在した軽井沢への延伸計画

　1969年(昭和44年)10月14日に開業した西武秩父線であるが、計画では小鹿野町を経由して長野県北佐久郡の軽井沢までの延伸が予定されていた。軽井沢には、戦前に宮家・華族などが所有していた土地を、戦後になって堤康次郎が買い漁った。それらの土地は、西武グループがリゾート地として開発を行っている。

　西武グループとしては、観光開発の観点から鉄道を整備したいという思いがあった。池袋と軽井沢を結ぶ鉄道を建設するには、途中に碓氷峠という起伏の激しい峠があることから、秩父へ延伸するよりも建設の難易度が高くなる。また沿線の人口も少ないため、採算性でも厳しくなることが予想された。

　軽井沢へ延伸する計画には、以下の3つの案があった。

① 西武秩父～小鹿野町～軽井沢間の全区間を、自社路線として建設する案
② 西武秩父から秩父鉄道に乗り入れて寄居まで、寄居から先は国鉄の八高線・信越本線に乗り入れて軽井沢に至る案

③ 国鉄小海線の中込駅付近まで、自社の鉄道を延伸し、そこから軽井沢まで伸ばす案

①は、当然のことながら、建設費が最も高くなる。途中の碓氷峠には、ループ線を建設して、急勾配を緩和する方法を検討する必要があったかもしれない。

②は、非現実的であった。秩父鉄道を寄居まで走行し、そこから八高線を経由して高崎まで向かい、そこから信越本線に乗り入れて軽井沢へ向かうとなれば、先ず八高線が非電化であった上、高崎〜軽井沢間には碓氷峠の66.7‰の急勾配区間があるから、EF63(写真2.3)と協調運転が出来る電車を、西武鉄道が開発する必要に迫られる。

正直言えば、西武秩父から寄居を経由していたのでは、国鉄線と比較して距離が長くなる上、西武秩父線・秩父鉄道・八高線は単線であるから、速達性という面でも、話にならない。

③は、中込から小海線などに乗り入れて軽井沢を目指す案と、途中で軽井沢までの自社路線を分岐させる案が、計画されていた。小海線も非電化であったため、電化する必要がある上、もし小諸を経由するとなれば、スイッチバック運転を強いられるデメリットもある。

西武秩父線が開業する前後に、当時の西武鉄道

(**写真2.3**) 碓氷峠では、EF63という特殊な電気機関車と協調運転を行うことで、66.7‰の急勾配に対応していた。

のトップであった堤義明が、西武秩父～軽井沢間を、ヘリコプターで頻繁に視察し、軽井沢延伸のルートを検討していたため、幾つもの案が誕生してしまった。

　西武鉄道が軽井沢へ鉄道を延伸する場合、軽井沢駅は国鉄の軽井沢駅に隣接するのではなく、西武グループのホテルなどのリゾート施設の近くに整備されることにはなったであろうが、軽井沢への延伸を計画していたことを示す証拠が、西武秩父駅の構造である。

　西武秩父駅は、西武秩父線の終着駅であるから、行き止まり式の頭端式の駅でも良かった。この方式であれば、駅舎に入ってからは、跨線橋などを利用しなくても、各プラットホームへのアクセスが容易になる。欧州の主要駅は、頭端式のプラットホーム構造の駅が多い。

　特急電車が発着する1番線は、駅舎の傍にあるため、跨線橋を渡らなくても、容易にアクセスが出来るようになっている。その反面、普通電車や「52席の至福」が発着する2・3番線は、現在でも頭端式になっておらず、改札口とは跨線橋で結ばれている。そのような構造になったのは、軽井沢方面への延伸を視野に入れていたと言える。

　西武秩父線を軽井沢へ延伸する場合、昭和50年代に入れば、トンネルや橋梁を建設する土木技術は更に進歩していたが、それでも途中には碓氷峠が介在する。軽井沢へ行くには、高低差のある碓氷峠を越えなければならず、吾野から西武秩父へ延伸する以上の難工事になることが予想される。

　当時の国鉄は、碓氷峠にある66.7‰の急勾配を、EF63という特殊電気機関車を使用して、粘着運転を実施していた。急勾配を登る時は、電車の後部に連結されて押し上げられ、急勾配を下る時は、電車の前に連結されて、速度制御を行っていた。この方式を採用す

reば、補助機関車が別途に必要になるだけでなく、連解結などを実施する作業員なども必要となり、人件費が嵩んでしまう。

　勾配を緩和するのは、ループ線を建設する方法もあるが、距離が長くなるため、建設コストが嵩んでしまう。現在のように人件費が高い上、労働力人口の不足が懸念されるようになれば、ループ線を建設した方が良いと言える。

　大正時代の終わりから昭和初期に掛けて、上信電鉄(写真2.4)は佐久方面への延伸を計画したが、不運なことに昭和の大恐慌の煽りを受け、資金不足に陥ってしまった。その結果、計画が頓挫してしまう。

　「西武秩父線の軽井沢延伸計画」は、構想として存在したことは確かだが、土地買収や環境アセスメント調査などは、実施されなかった。

　仮に西武鉄道の軽井沢への延伸計画が実現していたら、池袋〜軽井沢間に特急電車が運転されていただろう。昭和末期から平成初期

(写真2.4) 群馬県の上州地方の輸送を担う上信電鉄も、碓氷峠を超えて「佐久」までの延伸を検討していた。

のバブル期には、西武鉄道は個室車両や食堂車などを備えた豪華な特急電車を走らせ、活況を呈したことが予想される。

　事実、東武鉄道は、浅草〜東武日光・鬼怒川温泉を結ぶ特急電車に、4人用個室(写真2.5)やビュッフェを備え(写真2.6)、かつ一般席であってもＪＲのグリーン車の上回る座席を備えた100系「スペーシア」を、導入していた(写真2.7)。

　だがバブル崩壊により、曲がり角に立たされたかもしれない。幸いなことに東武鉄道は、利用者が減少したため、春日部や鹿沼、新

(写真2.5) 東武鉄道の特急「スペーシア」には、豪華な4人用の個室が備わる。

(写真2.6) 「スペーシア」には、ビュッフェも備わるが、お客さんが来た時だけ営業する感じになっている。

(写真2.7)
「スペーシア」の座席は、JR東日本の在来線特急のグリーン車と、遜色のない水準である。

栃木などにも特急電車を停車させ、ビジネスや用務客を取り込む戦略へ変更することが可能だった。

　西武鉄道も、池袋〜軽井沢間だけではなく、西武新宿〜軽井沢間で特急電車を設定したり、池袋・西武新宿〜西武秩父の利用者を重視した戦略へ変更して来たと、筆者は考える。

　だが1997年(平成9年)に長野新幹線が開業すると、東京の都心部から軽井沢へ向かう乗客は新幹線へシフトするため、運転本数は削減されただろう。

　それでも西武鉄道の軽井沢駅は、自社グループのリゾート施設の近くに整備されることから、東京都心部だけでなく、新幹線の恩恵に享受しない東京都西部や埼玉県西部の住民を、軽井沢へ輸送する戦略に切り替えていたかもしれない。またプリンスホテルのノウハウを鉄道事業にフィードバックさせ、新幹線では真似が出来ない個室や食堂車などのサービスに磨きを掛け、開放型の座席も近鉄「しまかぜ」の"プレミアムシート"(**写真2.8**)のような感じにグレードアップさせ、より観光に特化した特急電車を導入して、差別化を図る戦略を強化したとも考える。さらに秩父周辺の観光開発も実施していたかもしれない。

　昨今の近鉄は、「しまかぜ」(**写真2.9**)「青の交響曲（シンフォニー）」(**写真2.10**)という観光に特化した特急電車を導入し、付加価値の高いサービスを提供している。

(**写真2.8**) プレミアムシート"のスペックは、新幹線のグリーン車を上回る。

　今日となっては、西武秩父〜軽井沢間に鉄道が建設されること

(**写真2.9**)「しまかぜ」は、今までの近鉄特急のサービスの集大成である。

(**写真2.10**) 南大阪線・吉野線の観光特急「青の交響曲（シンフォニー）」。

は、「無い」と言っても過言ではないだろう。それでも西武秩父から先の小鹿野町までならば、検討しても良いかもしれないと、筆者は考えている。小鹿野町には、西武系列の西武観光バスの路線がある上、埼玉県立小鹿野高校もある。特急電車は、西武秩父止まりで良いが、普通電車は小鹿野へ延伸することで、県立小鹿野高校へ通う生徒の利便性が向上するだけでなく、地域住民の日常生活の利便性も向上することが期待されるからである。

　この場合、埼玉県が鉄道を建設し、西武鉄道が運行する「公設民営」方式で、西武秩父〜小鹿野間に鉄道を整備することになるだろう。完成後は、埼玉県がインフラを保有することになるため、「公有民営」の上下分離経営が実施されることになるから、西武鉄道が埼玉県に対し、線路使用料を支払いながら営業することになる。

（3）武州鉄道との建設競争

　埼玉県には、1924年(大正13年)から1938年(昭和13年)まで、武州鉄道が存在していた。この鉄道は、蓮田から現在のさいたま市岩槻区を通り、現在の川口市神根までの16.9kmを運行していた鉄道である。全線が非電化であったため、ＳＬなどが客車を牽引していたという。

　鉄道免許が下りた1910年(明治43年)当時の計画では、東京市街と日光を結ぶことを考えており、北千住が起点であった。そして川口、岩槻、幸手、栗橋、古河を経由して、日光へ至るという壮大な計画であった。この時点では、現在の東武鉄道の日光線は開通していなかった。

　武州鉄道は、有力な出資者の多い蓮田より、南進する形で神根まで、路線を建設してきた。しかし神根から東京方面への接続路線が

ない状態では、利用客数が伸びなかった。そして資金難により、神根以南の土地の買収が進まない悪循環に陥った。

　沿線の主要都市である岩槻には、現在の東武野田線の前身である総武鉄道が開通すると、旅客・貨物共に総武鉄道へ流れた。結局赤羽方面への延伸は叶わず、1938年(昭和13年)に全線が廃線となり、会社は無くなった。

　もし赤羽へ延伸されていたならば、武州鉄道を電化して、赤羽で王子電気軌道と接続させて、相互乗り入れが実現するなど、違った展開になっていた可能性がある。

　武州鉄道は、途中で王子電気軌道の傘下に入ったが、最後まで電化はされなかった。(注5)

　ところが1950年代の終わりにも、戦前の武州鉄道とは別の形で、「武州鉄道」を創設して、吉祥寺から秩父へ鉄道を建設しようとする動きがあった。これには進駐軍の廃品転売で財を築き、吉祥寺名店会館というショッピングセンターも経営していた滝嶋総一郎が、発起人となった。滝嶋は、武蔵野市などの沿線市町村長や、埼玉銀行の頭取であった平沼弥太郎などの財界などにも、吉祥寺〜秩父間を結ぶ鉄道建設の声を掛けて回った。

　1958年(昭和33年)12月に発起人総会が開催され、翌1959年(昭和34年)1月に、当時の地方鉄道法に基づく「免許」を申請した。この時に計画された路線は、吉祥寺を起点に三鷹、小金井、小平、大和、村山(村山貯水池付近)、箱根ヶ崎、東青梅、名郷、根古谷、秩父鉄道と接続する秩父市にある御花畑に至る60.3kmであった。

　だが西武鉄道の方が、武州鉄道よりも先に西武秩父線の建設を、当時の運輸省に申請していた。そうなると両者の路線が競合する形となったが、武州鉄道の発起人達は、鉄道経営に関しては素人同然であった。そのため「モノレールを建設する」という案も、出たと

^(注6)
いう。

　秩父まで鉄道を建設するとなれば、山間部を走行することになるため、必然的に長大トンネルなどを建設しなければならなくなるから、建設費も高くなってしまう。

　武州鉄道は、「モノレールで整備すれば急勾配にも対応出来、かつ道路の上に建設が可能であり、土地の取得も簡単である」と考えたのか、山間部を通る鉄道を建設するにも関わらず、概算建設費が安かった。

　浜松町〜羽田空港第二ターミナルを結ぶ東京モノレール**(写真2.11)**は、1964年_(昭和39年)の東京オリンピックの開催に間に合うように計画・建設されたため、土地の取得が簡単な河川の上などに、軌道が敷設されている。そして浜松町付近は、ビルなどの間を縫うように軌道が敷設されており、急カーブが連続する。

(写真2.11) 東京モノレールは、空港アクセスだけでなく、地域住民の日常生活の足としても、活躍している。

モノレールを建設するとなれば、「軌道法」が適用されるため、免許が取得しやすいだけでなく、道路や河川の上に軌道を敷設することが可能であり、かつ急勾配や急カーブに対応が可能であるから、通常の鉄車輪で走行する鉄道よりも、建設費が安くなる。

　武州鉄道は、後に「地方鉄道」として免許を申請することになったため、概算建設費も56.3億円となったが、それでも安かったため、計画の杜撰さが指摘された。そして平沼頭取の判断で、埼玉銀行が離反したこともあり、滝嶋は1960年(昭和35年)4月には、発起人総代の座を去ることになった。

　滝嶋は、鉄道を建設するため、埼玉銀行から自分名義で借金をしていた。この借金に関しては、武州鉄道の関連企業として白雲観光が設立されており、ここが借金を肩代わりする代わりに、滝嶋の自宅・土地を提供することで合意していた。このことで滝嶋は、後に背任の罪に問われることになる。

　秩父まで鉄道を建設するとなれば、安全かつ安定して事業が継続出来る能力があるか否かなどを、加味して考える必要がある。そうなると鉄道事業の実績がある西武鉄道に対し、1961年(昭和36年)2月に免許が交付された。

　2000年(平成12年)3月に鉄道事業法が改正されるまでは、鉄道事業への参入に関する規制は、「免許制」であった。当時の運輸省は、安全かつ安定した供給能力があったとしても、需要状況を鑑み、その供給が妥当であるか否かを判断していた。そして申請した鉄道事業者に対して、「妥当である」と判断しなければ、鉄道事業の「免許」を交付しなかった。これは需給調整を実施して、鉄道事業者が共倒れになることを回避する目的からであった。

　東京側の起点が、池袋か吉祥寺かの違いや、当時は自家用車が普及していなかったとは言え、秩父まで二つも鉄道を敷設するだけの

需要があるとは思えない状況であった。さらに西武鉄道も、「武州鉄道は鉄道事業を運営するだけのノウハウが無い」ということを理由に、当時の運輸省に圧力を掛けたこともあり、武州鉄道の計画はご破算になると思われた。

だが1961年(昭和36年)年7月には、池田勇人内閣の運輸大臣であった木暮武太夫が、武州鉄道に対しても「免許」を交付したため、世間を驚かせた。

当時は、鉄道事業の免許を申請したとしても、その計画の是非をめぐる審議は、3～4年を要するのが常識であった。武州鉄道にも免許を交付してしまえば、西武鉄道と競合になる。先ずは、東京～秩父間に二つも鉄道が必要なだけの需要があるか否かを、精査しなければならない。次に、武州鉄道が安全かつ安定した輸送サービスの供給が可能か否かを、精査する必要がある。

結果として、武州鉄道は鉄道事業の実績がない上、かつ計画が杜撰であったにも拘らず、申請から僅か2年で「免許」が交付されること自体が、異例なことであった。

「怪しい」と思った東京地検特捜部は、武州鉄道の免許が交付された直後から、この疑獄事件の捜査に着手した。東京地検特捜部が上記のような理由から、「裏がある」と疑うのは当然と言える。

東京地検特捜部の予想通り、鉄道事業の「免許」が欲しい滝嶋が、岸信介内閣の運輸大臣の楢橋渡に対し、1959年(昭和34年)12月から1960年(昭和35年)5月まで、5回も賄賂を贈っていたことが、判明した。その金額も、合計で2,450万円に達していた。そして楢橋が、鉄道行政の関係者に便宜を図っていた。

この疑獄事件で、起訴されたのは滝嶋や運輸大臣であった楢橋だけではない。それ以外に、発起人に加わっていた埼玉銀行頭取の平沼や、大映(現:角川映画)の社長であった永田雅一など、合計で14人

が起訴された。

　この疑獄事件は、以下の３つの事件が柱となった。

　①　武州鉄道免許に絡む贈収賄事件
　②　白雲観光に対する特別背任事件
　③　埼玉銀行の経済関係罰則の整備に関する法律による贈収賄事件

　後者の２つに関しては、埼玉地裁で無罪の判決が出て、埼玉銀行頭取の平沼や大映の社長である永田らの５人については、無罪が確定した。^(注7)

　武州鉄道は、正式には1962年(昭和37年)10月に、代表者を変更して会社が設立されているが、支援していた政財界の関係者が検挙されたため、資金調達は不調であった。そして着工されることもなく、計画自体が自然に消滅したこともあり、免許は1975年(昭和50年)度に失効した。

　秩父への鉄道は、1969年(昭和44年)10月14日に西武秩父線が開通し、池袋〜西武秩父間を直結する有料の特急電車の運転が始まった。これにより東京都心部から秩父へのアクセスは、大幅に向上することになったが、西武秩父線の経営状態も赤字であり、かつ沿線の過疎化などが進展している。

　もし武州鉄道が、開業していたとしても、人の流れとも合致しない上、所沢周辺から秩父まで西武秩父線と競合する。また吉祥寺〜小金井間では、当時の国鉄中央本線と競合することから、経営不振で廃線になった可能性も否定出来ないと、筆者は考える。

56

2 5000系有料特急「レッドアロー」の運転開始

（1）5000系電車開発の経緯と詳細

　1969年(昭和44年)10月14日の西武秩父線の開業を控え、西武鉄道は秩父方面への観光需要の喚起を目的に、都心部と秩父方面を直結する有料特急の運行を計画した。特急料金を徴収するとなれば、特急専用の高アコモを有する車両を新製することが必要になり、同年9月に第一陣となる5501・5503編成が竣功した。

　5000系電車**(写真2.12)**の設計は、主に日立製作所が行った。西武鉄道にとっては、初の有料特急の製造であるから、やはり国鉄の特急形車両の製造実績があり、かつ西武鉄道と主要機器の納入などで関係の深かった「日立製作所が良い」という経営判断があった。同年10月14日には、西武秩父線が開業し、同日から特急「ちちぶ」として、運行を開始した。

(写真2.12)
西武秩父線の開業に合わせ、西武鉄道は看板電車として、5000系電車による有料特急の運転を開始した。

　当初は、クハ5500形―モハ5000形―モハ5000形―クハ5500形の4両編成で、1編成が構成されていたが、多客時には2編成を併結して、8両編成で運転された。

　後に大半の編成が6両編成化されるが、この時の車両は西武の所

沢車両工場で製造された。そして最大で10両編成で運転されたこともあるが、最終的には全編成とも6両編成となった。5000系電車は、1978年(昭和53年)まで製造され、最終的には6両編成が6本製造された。

西武鉄道では、自社工場で20m級の軽量で鋼製の車両を多数製造した実績を有するが、特急電車として使用するには、高い居住性が要求される。そこで車体幅を、従来車よりも約100㎜拡幅した2,904.6㎜とする必要がある。そうしなければ当時は回転クロスシートであったが、通路が狭くなってしまい、歩きづらくなる。

特急用の電車であるから、大量に製造されないこともあるため、日立製作所に依頼しているが、一般電車と同様に、一部は自社の所沢工場でも製造している。

駅のホームとの接触事故を避けるため、車体の裾部は勿論であるが、窓上部にも傾斜(絞り)が設けられた。なお車体の限界に抵触することを回避するため、車体高はその分だけ低くなっており、一般用電車と比較して130㎜低い3,533㎜となった。

5000系電車は、全車座席指定で運転されるため、天井が一般用電車と比較して、若干、低くなっていたが、乗車していると圧迫感などは、感じることはなかった。

5000系電車の前面形状は、大きく傾斜を設けた流線形をしている。運転席は、連続した高速運転の実施による目の疲労の軽減や、前方の視認性の向上を図るため、床面より300㎜かさ上げした高運転台構造が採用された。

前面窓は、車体中心部で細いピラーにより2分割されていた。さらに車体の隅柱部の部分にも、小さな窓が設けられていた。国鉄の特急型電車・気動車や急行型電車では、曲面ガラスが採用されたりしていたが、曲面ガラスは製造コストが高い。そこで西武鉄道で

は、コストを下げるため、車体中央寄りの2枚の窓は、平板形状の合わせ強化ガラスを採用した。そして車体隅柱部の2枚の窓のみ、曲面ガラスを採用している。

前面の窓下の部分には、エッチング加工を施したステンレス製の飾り板が設けられた。また中央部には、立体型の西武鉄道の社章が取り付けられたことから、これらはアクセントになっただけでなく、貫禄と風格が感じられるデザインに仕上がった。また前面下部には、障害物を排除する大型のスカートが装備された。

前照灯は、小型ではあるが輝度のあるシールドビーム式が採用され、前面の下部に左右に設けられたライトケース内に、テールランプと共に片側各2灯、計4灯が設置された。後に誕生する10000系「ニューレッドアロー」は、前照灯が片側に1個ずつであったことから、西武鉄道の運転士にとっては、5000系電車の方が、夜間は運転しやすかったという。

前面左右幕板部には、通過表示灯が設置され、左右ライトケースの間の車体中央部には、列車の名称の表示板が設置された。

側面窓は、窓枠とシートピッチを一致させるため、1,515㎜の広幅固定窓が採用された。西武鉄道も近鉄と同様に、可能な限り、窓を大きくしたいと考えている。そして窓ガラスは、冷暖房の効果を向上させるだけでなく、防曇効果を目的として、外側のガラスと内側のガラスの間に、N2(窒素)ガスを封入して二重窓とした。さらに夏場の冷房効果を高めるため、熱線吸収のガラスが採用されている。二重窓となったことで、冷暖房の効果が高まっただけでなく、防音性も向上して、静かな車内空間が実現した。

客室の乗降用の扉は、ラッシュ時に使用することも考慮して、全車に2箇所設けられた。冷暖房効果を高めたり、防音性を向上させるためには、デッキが必要となる。5000系電車は、近鉄の12000

系電車などがデビューした当時は、客室と出入口の間にデッキが設けられていなかった点を問題視し、客室と出入口の間に扉を設けて、仕切った。デッキを設けるため、扉は各車とも極力車端部に寄せている。

(写真2.13)
5000系電車では、乗降用の扉に折り戸を採用している。

また引き戸を採用すれば、扉を収納する戸袋を設ける必要が生じてしまい、その部分の座席からの眺望が悪くなってしまう。そのため5000系電車も、折り戸が採用されているが**(写真2.13)**、全車座席指定の特急専用電車であるから、700mm幅となった。

国鉄・JRでは、寒冷地でも使用せざるを得ないため、引き戸を採用しなければ、冬場になると扉が凍結して、開閉が不可能になってしまう。西武秩父線の場合は、冬場は寒いが、折り戸が凍結して、開閉が不可能になるほどの問題は生じない。つまり西武鉄道は、近鉄の特急電車を参考にしていると言える。扉窓の固定支持は、Hゴム式である。

車体塗装は、クリーム色を基調にしているが、前面下部から側面の下部の幕板部ならびに腰板部に掛けて、赤帯を配したツートンカラーとした**(写真2.14)**。前面ステンレス板の下部から幕板部にかけての斜めのラインがアクセントとなり、スピード感を強調している。本系列の愛称である「レッドアロー」は、この車体塗装から命名された。

（写真2.14）
5000系電車は、クリーム色に赤帯のツートンカラーの塗り分けが採用された。富山地方鉄道へ移管されても、塗り分けは同じである。

　車内には、デッキと客室を仕切る扉が設けられ、床部に設置された感圧式マットがスイッチであり、これを踏むことで自動的に扉が開閉する構造である。扉そのものは、2枚の茶色系の透明アクリル板の間に、花柄のレースが封入されており、開放感を演出していた。

　デビューした時の座席は、回転クロスシートであった。シートピッチは930㎜で、当時の国鉄の特急形車両の普通車と比較して、20㎜も広くなっていた。近鉄では、1967年(昭和42年)12月には、12000系電車が980㎜のシートピッチで、座席がリクライニングシートになっていたことを考えれば、見劣りする面は否めない。

　西武鉄道が運行する首都圏では、ラッシュ時には通勤客が多く利用することもあり、定員を確保することが必須条件である。そのような状態で、座席をリクライニングさせれば、後ろのお客さんには圧迫感が生じて、居住性で問題があると考えた可能性もある。また池袋〜西武秩父間は、特急に乗車したとしても、1時間20分程度の乗車時間であり、近鉄の難波〜名古屋・賢島間のように、2時間以上も乗車することはない。そうなると回転クロスシートでも、居

住性に問題が無いと判断したのかもしれない。

　それでもデビューした当時は、座席のモケットの色を各車両ごとに変えることで、アクセントを付けていた。池袋向きの先頭車(クハ5500形偶数車)から順番に、青・金茶・エンジ色・薄緑色としていた。床は、全車ともグレーのロンリュームが採用され、メンテナンスしやすいように設計されていた。

　なお座席定員は、ラッシュ時のことも考慮して、クハ5500形の偶数車が64名、同奇数車がトイレ・洗面所がある関係で56名、モハ5000形が72名である。

　5000系電車では、西武鉄道で最初の冷房装置が採用されたが、国鉄や近鉄などでは、冷房が故障した時のことも考え、メンテナンスコストは嵩むが、分散式を採用していた。

　だが西武鉄道の5000系電車は、中間車には霜取り用のパンタグラフも搭載するため、分散式を搭載すると、その部分にクーラーを設置出来なくなり、冷房の効きが悪くなる可能性もあることなどを考慮し、集中式のクーラーが採用された。結果的に、メンテナンスコストも下がった。

　現在では、クーラーの性能も向上したため、分散式にする必要性は薄くなったが、近鉄では集中式を採用すると、屋根の一部分に負荷が掛かるため、セミ分散式を採用して、対応している。それでも5000系電車は、天井部の左右にスポット式の吹き出し口が設けられ、その間に照明が設置された(写真2.15)。

(写真2.15) 5000系電車の空調の吹き出し口は、照明と一体になっている。

　客室の照明は、眩しさを抑えることもあり、天井の中央部にアクリル製の600㎜幅のカバーを設けた半間接式であった。１つのカバーの中には、40Wの蛍光灯を枕木方向に３本並べた構造であり、それが幾つも連続して設けられ、車内の照明としていた。

　トイレは、飯能向きの先頭車(クハ5500形奇数車)に設置されたが、新幹線などと同様に、黄害防止の観点から、最初から汚物循環式の処理装置が搭載されていた。またトイレの向かい側は、車内販売の準備室となっており、同部分の側窓のみ２段式の開閉可能な窓となっている。

（２）反対派の説得

　西武秩父線が開業するまでの西武鉄道では、1956年(昭和31年)、休日に「奥武蔵」「伊豆ヶ岳」「正丸」という愛称が付いたハイキング急行が設定されていた。これらのハイキング急行には、西武鉄道初のカルダン駆動である701系電車の増備型である801系電車が、充当されていた。休日は、東飯能や吾野などへハイキングで出掛ける人が多く、西武秩父線開業までは、これらはロングシートの通勤用の車両ではあったが、都心と奥武蔵を結ぶ行楽列車として親しまれた。

　1969年(昭和44年)10月14日に、西武秩父線が開業した際に、池袋〜西武秩父間を結ぶ有料の特急電車を走らせることになるが、それまで西武鉄道では有料の特急電車を運行したことがないため、そのようなノウハウも無かった。そうなれば、「従来型の電車の延長型で良いのではないか」と言う意見もあって、しかるべきではないか、とも筆者は感じていた。

　そこで筆者は、西武秩父線の開業に伴い、特急専用の5000系電車を導入するに当たり、「どのようにして、反対派を説得したのか」

が、気になっていたこともあり、その旨を西武鉄道へ質問している。

　西武鉄道が言うには、「5000系電車が導入されたのは、今から50年以上も昔ですから、設計や計画に携わった人は、既に退職して会社にはおりません。また5000系電車も引退してから、25年以上が経過するため、メンテナンスなどを担当していた人も、子会社などへ出向したりしていて、西武鉄道では数が少なくなっています。ただ5000系電車を導入する際に、大きな反対があったような記録は残っておりません。やはり西武秩父線の開業を、会社の新たな発展の起爆剤にしようという考えが強かったように思います。導入する際は、他社の有料特急に乗車して、データーを得ている筈です。弊社には、それまで有料特急を運転した実績がなかったため、どのような特急電車を造れば良いか、分からない部分はあった筈です。どうせ有料特急を運転するのであれば、他社の有料特急と比較して遜色の無いような特急電車を造ろうとしたと思いますよ。その意味では、5000系電車は、非常に良い車両であったと思っています」とのことであった。事実、翌年に鉄道友の会から、「ブルーリボン賞」が贈られている。

　東武鉄道のDRC1720系電車(写真2.16)は、国際観光都市である日光を訪問する外国人観光客が多く利用するため、当時の国鉄の一等車(現:グリーン車)並みの居住性を有する車両であった(写真2.17)。筆者は、この電車は別格であったとしても、5000系電車は、国鉄や他の民鉄の有料特急と比較しても、遜色は無かったと思っている。

　事実、当時の国鉄の特急列車の普通車や、小田急のロマンスカーも、座席は回転クロスシートであり、リクライニングシートではなかった。近鉄では、12000系電車や12200系電車(写真2.18)は、リクライニングシートになっていたが、人気が高かったビスタカーは回転クロスシートで、かつ座席のシートピッチも920㎜であり、国

（写真2.16）東武鉄道のDRC1720系電車の外観は、ボンネット型であった。

（写真2.17）
東武鉄道のDRC1720系電車の座席は、国鉄のグリーン車並みであった。

（写真2.18）
1967年（昭和42年）に誕生した12000系電車は、先頭車は全て貫通型となった。

鉄の特急列車の普通車より10mm広い程度であった。

　5000系電車は、複層ガラスによる固定窓を採用することで、防音性を大幅に向上させ、かつ全車冷暖房完備で、座席は回転クロス

シートが採用されるなど、当時の生活水準を超えたデラックスな特急電車であったと言える。

（3）5000系電車の諸性能

　主要機器は、当時の最新型車両であった101系電車と共通化された。これは保守の合理化の観点からである。101系電車は、西武秩父線では西武秩父〜横瀬間には35‰の急勾配があるだけでなく、25‰の急勾配が続く山岳路線を走行することを考慮して設計されており、両系列は全く同一の性能を有する。5000系電車と101系電車を併結で運転させることも可能であったが、実際に営業運転で実施されたことはなかった。

　主電動機は、山岳路線であることから、定格出力が150kwの日立製作所製HS-836-Nrb もしくは東洋電機製のTDK-8010-A直巻整流子電動機を、中空軸平行カルダン駆動装置を介して搭載している。

　同主電動機は、本系列が新製された1969年(昭和44年)当時は、1,067㎜ゲージ用カルダン駆動主電動機としては、最大出力を有していた。国鉄の交直両用の特急電車であった485系電車は、120kwの主電動機が採用されていたため、出力が約20％強増強されていた。

　5000系電車は、西武秩父線の最大35‰の急勾配区間を走行するだけでなく、平坦地では100㎞/hを超える高速性能が要求される。そこで最弱界磁率を35％と大きく取ることにより、勾配区間の走行から、平坦地の高速走行まで対応可能な設計となった。

　歯車比も、101系電車と同様に15：86 (5.73)であるから、国鉄・ＪＲの電車で言えば通勤型に近い歯車比であり、加減速性能を維持

しながら、大出力の主電動機を採用して、高速運転にも対応した設計と言える。

　1つの主制御器では、中間の電動車の2両は永久連結されており、これら電動車の8基の主電動機を制御する1C8M仕様が採用された。近鉄「しまかぜ」では、信頼性も加味して、1つの制御器で2つの主電動機を制御する1C2Mを採用しており、5000系「レッドアロー」に関しては、コスト削減が優先されている。

　力行のノッチは、弱め界磁起動が1段で、低速域では抵抗器の直列が12段、少し速度が上がると、抵抗器の並列が13段となり、高速域では抵抗器が抜けて、弱め界磁が5段であるから、31段のステップがあった。特急用の電車であるから、比較的多くの力行ステップを有していた。

　勾配抑速ブレーキは、モーターを発電機として使用し、発生した電気を抵抗器に流して、速度を制御することになるが、こちらは25段あった。

　台車は、住友金属工業製の軸箱守式の空気ばね台車が採用された。この台車は、車軸付近にはコイルばねを設けられており、単式である軸ばねと複式であるウイングばねがある。5000系電車は、ウイングばねであった。

　車体を支える枕ばねには、上下動を吸収して乗り心地を良くするため、空気ばねを使用していた。電動車の台車がFS-372であり、制御車の台車がFS-072であり、101系電車より採用されている。

　この台車は、ダイレクトマウント式と呼ばれ、車体を支える枕ばねが、枕梁の上に乗っており、枕ばね自体は回転しない特徴がある。そしてこの台車は、その後は5000系電車の採用だけに留まらなかった。1969年頃から1990年代に掛けて、20年以上もの間、西武鉄道の標準型の台車として採用された。

国鉄の優等電車用の空気ばね台車で言えば、動力台車DT32、付随台車TR69のようなものである。国鉄・ＪＲでは、ボルスタレス台車が登場すると、軽量化が可能な上、部品点数が少なく、メンテナンスしやすいことから、ボルスタレス台車が主流になった。

　だがボルスタレス台車は、入念にメンテナンスしないと、少しの衝撃で乗り心地が悪化する。そのため線路状態が悪い区間では、乗り心地が悪化したりするため、国鉄・ＪＲの昔ながらの台車の方が、どっしりとしていて、乗り心地が良いと思ったぐらいである。

　制動装置は、発電ブレーキ併用の電磁直通ブレーキ(HSC-D)であり、西武秩父線は25‰の急勾配が連続することから、勾配抑速ブレーキを有する。

　冷房装置は、冷房能力28,000kcal/hの日立製作所製の集中式が採用されたが、これはモハ5000・5050形の奇数車には、冬場の西武秩父線は寒いこともあり、架線の霜取りをする必要性から、パンタグラフを２基搭載されたことが関係する。集中式の方が、メンテナンスがしやすいこともあるが、分散式を採用した場合、クーラーを搭載するスペースで制約が生じるため、冷房の効きが悪くなることが懸念された。それゆえ集中式のクーラーが採用されたという経緯がある。

　また冷房を使用するとなれば、大量の電気が必要となるため、MG発電機も大容量化され、日立製作所製の出力110KVAのHG-584-Iが採用された。

　パンタグラフは、モハ5000・5050形の奇数車に２基搭載しているが、5000系電車は車体高が他系列の電車と比較して低い。そうなるとパンタグラフ作用高を抑えるため、パンタグラフの台座が大型化されている。交流電車では、在来線でも架線には20KVの高電圧が流れるため、架線と車体の間の間隔を開けるため、大きめの碍

子を採用していたりする。5000系電車も、外観上台座の高さが目立った。

5000系電車の諸性能については、**表2.1**にまとめた。

表2.1　5000系電車の諸性能

項目	詳細
モーター出力	150kw
MT比	4M2T
歯車比	5.73
最高速度	105km /h(設計上は120km/h)
制御方式	抵抗制御、1C8M
力行ノッチ	31段
勾配抑速ブレーキ	25段
台車	ウイング式空気ばね台車
冷房能力	28,000kcal

出典：各種文献や西武鉄道提供資料を基に作成。

（4）5000系電車の老朽化の進行と10000系「ニューレッドアロー」の導入

5000系電車は、全編成とも小手指検車区に配備され、池袋線系統の特急「ちちぶ」を中心に、「こぶし」「むさし」の運用に従事してきた。

1976年(昭和51年)のダイヤ改正より、西武新宿〜西武秩父間には、休日のみ運転される「おくちちぶ」が新設され、新宿線系統でも運用されることとなった。

5000系電車は、これら定期運用のほか、西武ライオンズ球場(現:メットライフドーム)への観客輸送など、各種臨時列車にも多く充

当された。その中でも1993年(平成5年)5月12日には、池袋～西武秩父間でお召列車が運行されたことが特筆される。

　運行に際しては、編成の方向転換を実施しただけでなく、車内の座席を赤色の特別仕様のシートへ交換した。そして天皇陛下の命を守るため、側窓のガラスを防弾ガラスへ変更している。

　5000系電車は、製造された頃は電気連結器を併設していた。やがて全編成の6両編成化が実現すると、5000系電車同士の併結運転が消滅してしまった。また当初想定されていた101系電車との併結運転も行わないことから、1983年(昭和58年)以降に順次撤去された。

　車両は使用していると、空調関係が劣化しやすいことから、5501-5509編成を対象に、新型の冷房装置への換装が、1983年(昭和58年)から1987年(昭和62年)に掛けて、実施された。さらに製造から20年近く経過すると、車両の方々に陳腐化が目立ち始める。そこで1987年(昭和62年)から翌1988年(昭和63年)に掛け、特別保全工事が全編成で実施された。

　同工事では、車内の化粧板だけでなく、ロンリュームの床も交換された。それ以外に、クハ5500形奇数車のデッキ部分に、カード式の公衆電話や、清涼飲料水の自販機が新設された。

　この時代は、未だ携帯電話が普及していなかったため、カード式の公衆電話は、トンネル区間では通話が出来ないなどの制約はあったが、乗客に重宝された。

　さらに座席も、簡易リクライニングシートに交換されてはいたが、このような座席ではサービス水準が低くなっていた。そこでフリーストップ式リクライニングシートに交換された(写真2.19)。ただこのフリーストップ式のリクライニングシートは、ヘッドレストが小型であったため、長身の人にとっては頭まで、すっぽりとホー

(写真2.19)
5000系電車は、末期のころになれば、フリース
トップ式のリクライニングシートに、交換されて
座り心地が向上していた。

(写真2.20)
5000系電車の座席には、背面テーブルが無く、国
鉄時代の車両のように窓側に、小さなテーブルが
備わっていた。

ルドされる構造ではなかっ
た。また背面テーブルが備
わっていないかったため、
窓側には小テーブルも残さ
れた(写真2.20)。座席の交
換以外に、荷棚・カーテン
が交換された。そしてデッ
キ部分に車内スピーカーが
増設された。

　女性客にも利用してもら
うには、トイレ・洗面所は
重要な設備である。そこで
トイレ設備も、洗面所をグ
レードアップするだけでな
く、トイレ内への非常通話
装置の設置など、多岐に及
ぶ大々的な延命化工事で
あった。

　外観および運転関連の設
備では、屋根上への押込型
の通風器が新設され、ワイ
パーが2連化された。また
踏切事故が発生した際、安
全性を強化する目的から、前面のフロントガラスも強化された。さ
らに前照灯の減光スイッチが、足踏み式に変更され、側面の戸閉表
示灯がLED化されると同時に、形状が縦長化している。

　これら改造内容は、最後に増備された5511編成に準じた内容と

なった。なお1984年(昭和59年)3月のダイヤ改正を機に、飯能寄りの1号車(クハ5500形奇数車)が禁煙車に指定された。そして1988年(昭和63年)以降は、池袋寄り6号車(クハ5500形偶数車)も禁煙車となり、5000系電車は1編成6両で運転されていたが、1編成の中で2両が禁煙車となった。

5000系電車は、長年に渡って西武鉄道の看板車両として運用されてきたが、1990年代に入ると、座席こそリクライニングシートに交換していたが、シートピッチが930mmしかなく、JRや他の民鉄の有料特急と比較すれば、居住性で見劣りするようになっていた。そして車齢が25年近くを経過したことにより、老朽化・陳腐化が目立ち始めていた。

次世代の特急電車の導入が不可欠であったことから、西武鉄道は1992年(平成4年)に次世代の10000系電車の製造を発表し、1993年(平成5年)から導入を開始した。

同年12月のダイヤ改正より、新宿線に定期特急列車として、「小江戸」が新設され、10000系電車の営業運転が開始した。その代わりに「おくちちぶ」が廃止され、5000系電車は新宿線系統の定期運用から撤退した。

翌1994年(平成6年)以降、10000系電車が池袋線系統にも配属されるようになると、5000系電車の淘汰が始まった。

10000系電車は、製造コストを削減するため、5000系電車の台車や制御器などの主要機器を流用することになった。それゆえ5000系電車の廃車が急ピッチで進められ、1995年(平成7年)10月31日で、全編成が定期運用から離脱した。

定期運用からの離脱後であるが、同年11月23日には「小さな旅」の団臨に充当され、2年ぶりに新宿線に入線した。そして同年12月3日の秩父夜祭に関連して、臨時特急「ちちぶ」が5000系電

車で運行された。「秩父夜祭」は、非常に有名な祭であり、多くの観光客が訪れることから、西武鉄道も臨時の特急「ちちぶ」を増発して、観光客の輸送に対応している。これが5000系電車の最後の営業運転となり、同年12月13日付で5503編成が除籍され、5000系電車は形式消滅した。

（5）10000系電車の概要

　5000系電車は、デビュー以来、池袋〜西武秩父を結ぶ特急として活躍してきたが、1990年代に入ると、老朽化だけでなく、車内の陳腐化なども目立ち始めており、新車への置き換えが必要となっていた。また新宿線では、土休日に有料の特急電車を運転したところ、好評であったことから、同線でも平日に有料特急を運転することになった。そうなるとその分も含め、新型の特急専用電車が必要となり、10000系電車が開発・設計された。

　10000系電車は、先ずは1993年(平成5年)12月6日に、新宿線の特急「小江戸」で営業運転を開始した。本川越のある川越市は、「蔵の町」として有名であり、東京などから気軽に訪問が可能な観光地として、人気が高まりつつあり、昨今の西武鉄道は川越の観光に関しても、力を入れるようになっている。

　翌1994年(平成6年)からは、池袋線の系統で運用されていた5000系電車の置換えが始まった。最終的には、1995年(平成7年)までに7両編成が11本製造され、これらの車両は自社の所沢車両工場ではなく、全車が日立製作所の笠戸事業所で製造された。

　10000系電車の車体は、加工しやすいこともあり、20m級の鋼製であるが、可能な限りの軽量化が図られている。車内は、「ゆとりとやすらぎの空間」をコンセプトに、5000系電車と同様に、裾

(写真2.21) 10000系電車の側窓は、大型の固定窓である。

(写真2.22) 10000系電車では、乗降用の扉として引き戸が採用された。

を絞って車体幅を広げるようにした。

塗装は、グレー系3色がベースであるが、客室窓の下部には、「レッドアロー」の愛称を表現した赤色の帯を配している。そして側面窓は、シートピッチに合わせた広幅の固定窓である(写真2.21)。西武鉄道も、「可能な限り窓を大きくする」というコンセプトは、5000系電車から継承している。

出入り口の扉は、5000系電車では折り戸が採用されていたが、10000系電車では片開き式の引き戸が採用された(写真2.22)。これは安全性の向上、車内スペースの確保、メンテナンスが容易なことが理由である。折り戸では、扉の傍に立っている乗客に、扉が開く際に当たってしまう危険性がある。西武鉄道は、この点も考慮した。

全車が座席指定の特急であるため、扉の幅は700mmでも問題はない。扉の数は、クハ10100形と中間車では片側2か所、クハ10700形では片側1か所の配置とした。両先頭車の車体後部には、「ニューレッドアロー」を表す「NRA」のロゴが、イタリック調で配されている(写真2.23)。

(写真2.23)
10000系電車の側面には、「NRA」の文字が描かれている。

運転台であるが、高速運転時の目の疲労の軽減と、前方の視認性を確保するため、5000系電車と同様に、高運転台構造が採用された**(写真2.24)**。前照灯は、高速運転時の前方を明るく照らす必要性もあり、5000系電車で採用されたシールドビームが継承されている。

だが5000系電車は、シールドビームが4灯あったのに対し、10000系電車では2灯に減少しているが、位置が運転台の窓の下に移っている。

この件に関して筆者は、西武鉄道へ質問をしている。運転士の中には、「5000系電車は、ヘッドライトが4つあり、夜間は前方が見

(写真2.24)
10000系電車の運転台も、5000系電車と同様に高運転台が採用されている。

やすかった」という旨の意見を聞いていたからである。「10000系電車は窓下にあるが、5000系電車は車体の下部にあるため、設置された位置で、前方の明るさが変わるのかな」とも、思ったりもしていた。

これに対して西武鉄道からは、「前照灯が2灯に減少しても、運転上の支障は生じておりません。これはデザインによるものです」という旨の回答を得た。

10000系電車の製造に際し、製造コストの削減や保守面での合理化と平準化、走行の安定化を目的に、101系電車・新501系電車、そして「レッドアロー」という愛称のあった5000系電車の機器類が流用された。

今日では、VVVF制御が主流であり、新製される電車は、メンテナンスコストを下げるため、ほぼVVVF制御で製造されるが、10000系電車が製造された時代は、未だVVVF制御の黎明期であり、性能面で不安定さもあった。

通勤用の電車に関しては、1980年(昭和55年)頃になればサイリスタによるチョッパ制御の技術が確立しており、国鉄や大手民鉄の各車では、サイリスタチョッパ制御の電車がデビューしていた**(写真2.25)**。サイリスタチョッパの通勤電車は、省エネに優れていたが、特急用電車で使用するとなれば、発車・停止の頻度が少ないため、あまり省エネ効果が得られない。反対に、サイリスタチョッパ制御の電車は、製造コストが高くなるというデメリットがあるから、特急用には適さない。

国鉄も、中距離用の近郊型電車にサイリスタチョッパ制御を導入したのでは、製造コストが高くなる割には、省エネ効果が低いこともあり、界磁添加励磁制御の211系電車**(写真2.26)**などを開発して投入している。つまり抵抗制御方式の電車に、電力回生ブレーキを

（写真2.25） 1980年（昭和55年）頃になれば、国鉄・民鉄では、サイリスタチョッパ制御の電車が、デビューし始めていた。写真は、JR西日本で使用される201系電車。

（写真2.26） サイリスタチョッパ制御の電車は、製造コストが高くなるため、発車・停車の頻度が少ない中距離用の電車には、適さない。国鉄も、近郊用の211系電車には、界磁添加励磁制御と電力回生ブレーキを採用して、省エネ化を図った。

備えたような感じの電車である。

　そこで10000系電車は、従来通りの抵抗制御方式で、定格出力150kwの直流直巻式の電動機が採用されたが、2両分8基の電動機を制御するMM'ユニット方式が、5000系電車から継承され、MT比は4：3であり、歯車比は5.73と通勤電車並みであり、加減速性を重視した設計であった。

　ブレーキは、発電ブレーキ併用の電磁直通ブレーキと、西武秩父線の最大で35‰の急勾配区間を走行するため、勾配抑速ブレーキも備わっている。また電気指令式の空気ブレーキを備えるなど、5000系電車よりは技術面での進歩が見られた。

　台車は、住友金属工業製の空気ばね台車であり、乗り心地を良くするため、軸箱支持方式をFS372系台車のペデスタル式から、緩衝ゴム式に改造しており、電動台車はFS542であり、付随台車はFS042である。

　1990年代に入ると、技術革新も進んだことから、静止形インバーターの補助電源装置(SIV)・低騒音形で交流電動機駆動の空気コンプレッサーを採用している。冷房装置であるが、屋根上に冷房能力36,000kcal/hの集中式の冷房装置を搭載しており、集中式の冷房が継承されている。

　筆者自身、5000系電車に乗車した際、28,000kcalの冷房装置であっても、冷房の効きが悪いと感じたことはなかったため、「何故、10000系電車から冷房の出力を向上させたのか」が、気になっていた。

　西武鉄道の回答は、「5000系電車の冷房装置でも、冷房の効きに問題はありませんでした。10000系電車では、より性能にゆとりを持たせたく、36,000kcalに向上させました」とのことであった。そして車内には、LED式の案内表示器が備わり、放送も自動放送

(写真2.27) 10000系電車の座席には、簡素な
バー式ではあるが、フットレストが
備わる。

(写真2.28) 10000系電車の座席は、シートピッ
チが拡大され、ゆったりと座れる。

が可能になるなど、時代の流れに対応している。

座席は、背面テーブルと座席下にバー式のフットレストを備えたフリーストップ式のリクライニングシートであるが**(写真2.27)**、シートピッチが5000系電車の930㎜から1,070㎜に拡大され**(写真2.28)**、居住性が大幅に向上している。シートピッチの拡大だけでなく、10000系電車の座席からは、ヘッドレストが大型化されたため、長身の人であっても、頭まで完全に包み込まれる感じになった。

そうなると１両当たりの乗車定員が減少することになるが、5000系電車は６両編成であったのに対し、10000系電車では７両編成として、対応している。ＪＲの特急列車の普通車のシートピットは、960～1,000㎜程度であり、西武鉄道や近鉄などの民鉄の特急と比較すれば、乗車距離が長いにも関わらず、詰込み輸送の感が拭えない。

ＪＲの特急列車の普通車も、ＪＲ東海のキハ85系気動車や383

(写真2.29)
JR東海の在来線特急用の車両は、普通車であっても、ゆったりとしている。

(写真2.30)
10000系電車のカーテンは、横引き式に変更されている。

系電車**(写真2.29)**のように、1,000mm程度のシートピッチを採用してもらいたいところである。それゆえ西武鉄道の営業施策は、中央本線の「あずさ」系統では、参考になると言える。

　座席と関連するが、デビューした当初のカーテンは、巻き上げ式であったが、後に横引き式に変更されている**(写真2.30)**。

　その他として、池袋〜西武秩父間の乗車時間は、1時間半20分程度であるから、車内販売が乗務しても、売り上げが期待出来ないこともあり、清涼飲料水の自販機を設けて対応した**(写真2.31)**。ま

た後に携帯電話が普及したこともあり撤去されるが、テレホンカード式の公衆電話が備わっていた。

　トイレは、両端の制御車のデッキ部に設置されたが、1号車のクハ10100形にはバリアフリー対応の洋式トイレであり、小便器のブースも備わっている。まだ10000系電車がデビューした1993年(平成5年)には、バリアフリー法が施行されていなかったが、西武鉄道では一足早く、トイレがバリアフリー対応となった。そして7号車のクハ10700形には、

(写真2.31)
10000系電車には、自販機が設置されている。

和式のトイレと小便器のブースが設けられた。

　10000系電車では、製造コストを下げるため、トイレの数を減らす反面、乗客に極力、不便を掛けることが無いように、小便器を設けて対応している。

　2003年(平成15年)には、最後の増備車として、10112編成が引続き日立製作所で製造されたが、車内の仕様が変更された以外に、4号車の喫煙車(サハ10400形)も、2006年(平成18年)10月1日からは禁煙車となり、10000系電車は全車禁煙車となった。

　最後に増備された10112編成では、制御装置を抵抗制御方式から20000系電車(写真2.32)に準じたIGBT素子

(写真2.32)
20000系電車は、VVVF制御である。

によるVVVF制御へ変更された。そしてブレーキシステムも、発電ブレーキ併用の電磁直通ブレーキから、電力回生ブレーキ併用の電気指令式の空気ブレーキに変更され、省エネ化が図られている。

但し10112編成は、デビューした当時は勾配抑速ブレーキが未装備であるため、保安上の事情から西武秩父線の西吾野〜横瀬間には、入線が出来ないことになった。そこで当初は、一貫して急勾配区間の無い新宿線で運用することになり、南入曽車両基地に配置された。

西武秩父線には25‰の急勾配が介在するが、曲線半径も300m程度と急であるため、下り勾配で速度が出過ぎてもらうと困るのは、正丸トンネルなどに限られる。そうなると、「10112編成に勾配抑速ブレーキが無かったとしても、特に困ることも無いかもしれない」と、筆者は思っていた。

事実、近鉄南大阪線には、33‰の穴虫峠の急勾配があるが、その距離も3km程度であることから、一般電車には勾配抑速ブレーキは備わっていない。

西武鉄道からの回答では、「10112編成にも勾配抑速ブレーキは、備わっています」とのことであった。デビュー時は、勾配抑速ブレーキが無かったとしても、後年になって改造されたことも考えられる。

2007年(平成19年)12月2日に、吾野・正丸の2つの変電所が、環境配慮型の蓄電装置を導入したことから、電力回生ブレーキを使用して架線に戻した電気を、蓄電することが可能となった。鉄道会社によれば、フライホールという回転式の車輪を用いて、電気を溜めている事業者もある。

西武鉄道は、東京メトロ・東急電鉄などの他社とも相互乗り入れを行っており、他社が保有する車両であっても、回生ブレーキを装

備した車両であれば、同区間を恒常的に走行することが可能となった。

　その後、2011年(平成23年)4月になると10112の編成は、池袋線系統を担当する小手指車両基地に転属したことから、「ちちぶ」の運用にも充当された。

　10000系電車は、見た目は5000系電車ほどの貫禄は感じないが、座席のシートピッチが広くなったり、乗り心地が改善されるなど、接客面での改善が見られた。またバリアフリー法が施行されていないにも関わらず、洋式トイレがバリアフリー対応となるなど、時代を先取りした一面もある車両である。

　10000系電車の諸性能は、**表2.2**で示した。

表2.2　10000系電車の諸性能

項目	詳細
モーター出力	150kw、但し10112編成は135kw
MT比	4 M3T
歯車比	5.73
最高速度	105km /h (設計上は110km/h)
制御方式	抵抗制御、但し10112編成はVVVFインバーター制御、1C8M
力行ノッチ	31段
勾配抑速ブレーキ	25段、電気指令式空気ブレーキも採用
台車	ウイングバネ式空気ばね台車
冷房能力	36,000kcal

出典：各種文献や西武鉄道提供資料などを基に作成。

富山地方鉄道へ譲渡された 旧5000系電車

コラム

　西武鉄道で、特急「ちちぶ」に使用されてた5000系電車の一部は、富山地方鉄道(以下：地鉄)へ譲渡され、16010形電車として活躍している(**写真2.33**)。

(**写真2.33**) 5000系電車は、富山地方鉄道へ譲渡され、16010系電車として活躍している。

　外観上の変化は、前面の西武鉄道社紋が取り外され、前面向かって左側窓内側に種別・行先表示器が新設された程度に留まる。それ以外は、デッキの仕切り壁が撤去され、ワンマン運転に対応して、運賃箱(**写真2.34**)が設置されているが、車体塗装だけでなく、座席なども含め、概ね西武鉄道時代の原形を保っている。

　地鉄が、西武鉄道の5000系を導入したのは、旧型車を置き換えて、冷房化を推進させる目的からであった。

　折りしも西武鉄道の5000系が廃車になる時期であった。地鉄関

係者が実車を調査した結果、宇奈月温泉や立山方面への観光列車として使用しても、サービス水準を満たしていた。また通勤輸送も、地鉄程度の輸送人員であれば、対応可能という判断が下された。その上、状態も良好であったことから、1995年(平成7年)1月に西武鉄道の5000系の購入が決定した。

　但し西武鉄道では、5000系の台車や主要機器は、10000系を新製に際して転用することが決定しており、車体と一部の機器以外の譲渡は不可能であった。そこで地鉄では、車体を購入し、台車や主要機器類は、ＪＲの485系電車の廃車発生品などの譲渡を受けたり、新製で賄うことにした。

　これらの各種改造は、地鉄稲荷町工場(現:稲荷町テクニカルセンター)で、実施された。それゆえオリジナルの5000系とは、車体などは同じでも、全く異なった電車になってしまっている。

　後に、西武鉄道で廃車となった10000系「ニューレッドアロー」も、富山地方鉄道に譲渡されることになった。

　それらの車両は、2020年(令和2年)10月12日に魚津駅に、JR貨物の機関車に牽引されて、到着した。

(写真2.34)
富山地方鉄道の16010系電車には、ワンマン運転に対応するため、運賃箱が設置されている。

3 西武鉄道の貨物輸送

(1) 盛んだった石灰石・セメント輸送

　西武秩父線は、沿線に所在する武甲山(**写真2.35**)より石灰石が産出され、それを原料として生産されたセメントの輸送を行っていた。セメント輸送は、横瀬を出発して所沢を通り、ＪＲへの中継駅である武蔵野線の新秋津へ向かう。

　1976年(昭和51年) 3月までは、池袋と国分寺へ輸送されていたが、武蔵野線の開業に伴い、池袋と国分寺の取り扱いが廃止され、新秋津に統合された。この時に、所沢〜新秋津間を結ぶ貨物線が、西武と当時の国鉄との共同で敷設されている。それゆえ西武鉄道の貨物輸送は、中継輸送であった。

(**写真2.35**) セメントの原材料となる石灰石を産出する武甲山。

　西武鉄道のセメント輸送の貨物列車は、タンク車を用いて行われており、末期の頃になれば、1両当たり55tのタンク車(**写真2.36**)を11両連結して、運転していた。セメントの最終輸送先は、ＪＲ相模線の南橋本であった。

　西武秩父線には、西武秩父〜横瀬間には35‰の急勾配があるが、ここは貨物

(**写真2.36**) セメント輸送に活躍した貨車。

列車が運転されることはない。それでも25‰の勾配区間が、各所に点在する山岳路線となった。セメントのようなバルク輸送は、決まった時刻に決まった量が届けば良いという貨物のため、速達性に対する荷主の要求は、厳しくはない。それでも、運行速度があまりにも遅いと、5000系特急「ちちぶ」などのダイヤに支障を来してしまう。

　セメント輸送を行うタンク車を牽引する電気機関車は、急勾配区間でも牽引が可能な登坂性能と牽引力が必要であった。そして飯能から先は、東京の近郊区間になるため、電車の運行ダイヤを妨げない高速性能が要求された。

　西武秩父線は、全区間単線で建設されたことから、列車本数の設定に関する制約が生じてしまう。貨物列車は、旅客列車とは異なり、運行頻度を上げるよりも、一列車当たりの輸送量を増やすことで、運行コストを下げた方が有利である。そうなると長大編成の列車となることから、動力集中式の機関車牽引が適している。

　西武秩父線が開業するまでの西武鉄道では、小出力の旧型の電気機関車しか所有していなかった。西武鉄道では、土砂などの運搬を主に担っており、小出力の電気機関車でも、対応することが可能であったからだ。

　しかし、セメント列車を牽引するとなれば、1,000t程度の重量となってしまう。そうなると、既存の電気機関車では、明らかに性能不足であった。牽引力が足りないだけでなく、当時は池袋へセメントを運んでいたことから、飯能〜池袋間などでは、高速運転を実施する必要があった。

　そこで従来の電気機関車とは一線を画す、強力な電気機関車を新造する必要性が生じた。こうして設計・製造されたものがE851形電気機関車(**写真2.37**)であり、1969年(昭和44年) 9〜10月に掛けて、

(**写真2.37**) かつて活躍したE851形電気機関車。

E851〜854の4両が新製された。

　E851形電気機関車の製造には、電気機器を三菱電機が担当し、車体は三菱重工業が担当した。そして組み立ては、三菱重工業の三原製作所で実施された。何故、三菱グループであるかと言えば、セメント輸送の荷主が三菱鉱業セメント(現:三菱マテリアル)であり、同社との関係性からである。

　西武秩父線では、最大で10t貨車に換算して100両、牽引の荷重が1,000tに達するセメント輸送列車を牽引するため、E851形電気機関車は動輪を6軸備えるF形電気機関車として設計された。1,000tの貨物列車を牽引しようと思えば、動輪が6つあるF形の電気機関車でなければ、粘着が不足してしまう。

　西武秩父線で貨物列車が運転される区間には、25‰の勾配が連続している。このような線区で1,000tの貨物列車を牽引するとなれば、国鉄の直流の主力機関車であったEF65並みの出力を有する機関車であっても、重連で対応しなければ、運転速度が遅くなってしまう。また仮に異常事態が発生し、急勾配上で停車せざるを得なくなり、かつそこから貨物列車を発進させる場合、粘着が足りないと発進させることが出来なくなる。さらに飯能〜池袋間では高速運転の実施が難しい。E851形電気機関車の設計上の最高速度は、115km/hである。

　E851形電気機関車の各部の設計は、当時、国鉄の最新型のF形電気機関車であった直流のEF65や交直両用のEF81の仕様に準じている。事実、EF65やEF81は、貨物列車を牽引するだけでなく、寝台特急なども牽引するため、2,550kwの出力を有する高性能な電気機関車であるから、牽引力があるだけでなく、最高速度も110km／hで走行が可能である。

　形式称号である「E851形」は、前記の国鉄型の電気機関車である2形式を、設計の基本とした車両であることを意味して、付与された。外観なども、EF65と似ているだけでなく、425kwのモーターが6基備わっているから、出力はEF65やEF81と同じである。また曲線通過時の横圧により、軌道の損傷を緩和させるため、車体には3つの台車を設けている点も、EF65やEF81と同じである。

　但しE851形電気機関車は、西武鉄道の電気機関車であるから、車体の塗装はスカーレットという朱色系統の色に、アイボリーの帯が入った2色塗装とした。これは従来の西武鉄道の電気機関車は、ローズレッド1色の塗装であったことと比較すれば、新鮮な印象を与えた。

　西武鉄道の貨物列車の需要は、1977年(昭和52年)頃がピークであった。1973年(昭和48年)のオイルショックを契機に、重厚長大型産業が打撃を受け、組み立てや部品加工を主とする軽薄短小型へ、産業構造が大きく変わってしまった。

　そして物流業界では、従来の鉄道輸送に代わってトラックが台頭するようになり、多頻度小ロットの物流が、主流となって行く。

　セメントは、トラックで輸送すればコストが高くなることや、多頻度小ロットで輸送するような貨物ではないため、鉄道優位が続くことになるが、不況や公共事業の削減などの影響は受けやすい。徐々に貨物輸送量が落ちて行ったこともあり、1996年(平成8年)3

月7日に、80有余年に渡った歴史に終止符が打たれた。バブル崩壊後の景気低迷で、ＪＲ貨物だけでなく、臨海鉄道などの民鉄も、貨物輸送量が減少していたが、この現象は西武鉄道も同様であった。

　西武鉄道も、セメント輸送の著しい減少に伴い、貨物に関する営業収支は悪化の一途を辿った。貨物事業が赤字になれば、それは鉄道事業全体に影響を及ぼす。西武鉄道も、何もしなかったわけではない。1989年(平成元年)11月30日を最後に、貨物列車に緩急車の連結を廃止するなどの合理化を行った。これにより、緩急車の運用上で生じる車両の保守だけでなく、入換作業などが軽減され、業務が簡素化された。

　但し緩急車は廃止されたが、貨物列車が機関士だけの1人乗務にはならなかった。西武鉄道では、車掌が機関車の後部運転室に乗務して、貨物列車の安全を監視していた。

　運が悪いことに、電気機関車だけでなく、駅構内の貨物施設などの老朽化も進んでおり、電気機関車の取り換えや、施設の全面的な改修の必要性も生じていた。多額の投資を要して、機関車や設備の更新を実施しても、将来的に貨物の輸送量の回復は望めないと、西武鉄道は判断した。そうなると、設備投資をしてまで存続させる必要はないと、西武鉄道は経営判断を下し、そこで貨物輸送の廃止を決めた。

　もし復路で、土砂の輸送などがあれば、利益率は低くても片荷にならないため、西武鉄道も違った判断をした可能性がある。

　当時から西武鉄道では、営団地下鉄(現:東京メトロ)有楽町線との相互乗り入れや、秩父鉄道との直通運転などを行っている(**写真 2.38**)。秩父鉄道とは、朝夕などには飯能～長瀞・三峰口間で実施されており、西武秩父で長瀞行きと三峰口行きに分割併合が実施さ

れる。

　以上のことから、西武鉄道では貨物輸送よりも、他社との相互乗り入れや、秩父鉄道への直通運転(**写真2.39**)などの設備投資の方が、重視されていた。

(写真2.38)
秩父鉄道は、貨物輸送以外に、西武鉄道と連携することで、活路を見出している。

(写真2.39)
ラッシュ時には、秩父鉄道へ乗り入れを実施している

(2) 飯能駅のスイッチバック解消計画

　池袋線は、池袋を起点として、埼玉県飯能市の中心部に位置する飯能駅を経由して、同市内の山間部にある吾野を結んでいる。この場合、**図2.1**で示すように、ＪＲ八高線の東飯能駅へ迂回する形で、飯能でスイッチバック運転を強いられてしまう。

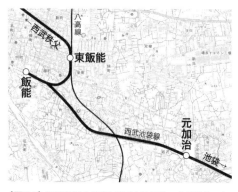

(図2.1) 飯能付近の路線図（国土地理院の地図を加工）

吾野からは、1969年（昭和44年）10月14日に、西武秩父線が開業したことから、池袋〜西武秩父間を直通する特急電車が運転されている。また国鉄のEF65やEF81と同等の性能を持つE851形電気機関車も導入された。これは沿線で生産されるセメントを運ぶ貨物列車を運転させるためであり、最盛期は1,000tの貨物列車をE851形電気機関車が重連で牽引して対応していた。この場合は飯能駅がスイッチバックの構造であるため、進行方向の変更を余儀なくされる。特急「ちちぶ」は、進行方向を変えるため、飯能駅で3分程度の停車時間が生じてしまう。

　秩父方面へ急ぐ人には、時間的なロスが生じる以外に、飯能で座席の回転を実施させなければならなくなる。かつて貨物列車が運転されていた時は、機関車を付け替えるなど、特急電車以上の時間的なロスと、機関車の交換要員などが生じていた。このことは輸送力増強と言う面では、大きなハンデとなっていた。

　これは西武鉄道にとっては輸送の隘路にもなるため、これを解消させる「短絡線」の計画が、昔から存在しており、土地買収も終了している。枕木やバラストを敷いてレールを敷設すれば、直ぐにでも列車が運転出来そうではあるが、工事は休止状態になっている。現在は、貨物列車が廃止されたため、実現の目途が立っていない。

　西武池袋線は、第一章でも紹介したように、1915年（大正4年）に

池袋〜飯能間が開業している。筆者は、その後に吾野へ延伸する際、飯能駅の周辺に陸軍の駐屯地などがあり、迂回を強いられたと思っていた。

　飯能駅でスイッチバックする旨を西武鉄道へ確認したところ、詳細な資料は残っていないという旨の回答を得たが、吾野へ延伸するに当たり、「方向転換を解消する西武『短絡線』計画 建設用地の確保から数十年、実現の可能性は？」(https://article.auone.jp/detail/1/2/5/90_5_r_20190604_1559595801823060)などの各種資料では、当初は飯能からそのまま吾野へ向けて延伸する計画が立てられていたということだ。この計画を大きく変えたのが、国鉄(現：JR東日本)の八高線の計画であったという。

　八高線の歴史であるが、1931年(昭和6年)12月10日に、八王子〜東飯能間 の25.6kmが開業する。池袋線が吾野まで開業したのが、1929年(昭和4年)であるから、八高線の方が後から開業している。そして八高線は、1934年(昭和9年)10月6日に、小川町〜寄居間の11.1kmが延伸する形で開業して、現在の八高線となった。

　八高線は、飯能駅の東側を南北に通ることや、当時の武蔵野鉄道とゲージ幅が同一であったこともあり、東飯能で接続させるようにすれば、国鉄の貨物輸送だけでなく、旅客も取り込めるなどの利点があった。

　それらを加味した結果、飯能で進行方向を変えて八高線の東飯能に立ち寄り、そこから吾野方面へ向け、延伸するようになったという。

　戦後になって西武鉄道は、吾野で止まっていた池袋線を、西武秩父線として秩父へ延伸が計画されると、**図2.2**で示すように、飯能の1つ池袋寄りにある元加治と東飯能を直接結ぶ短絡線を整備することも計画された。

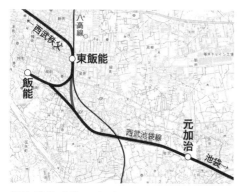

(図2.2)「短絡線」の計画(国土地理院の地図を加工)

短絡線が、行き止まり式の飯能駅を通らない形で計画されたのは、池袋〜飯能間には通勤電車などが多数運転されているため、飯能駅では折り返し運転を行うことが、影響していると筆者は考える。そのため西武鉄道としては、貨物列車の方を短絡線に誘導して、飯能駅における電車の折り返し時間に、ゆとりを持たせたかったのだろう。

　短絡線が整備されると、進行方向の変更に要する手間と時間が解消されることから、列車の所要時間が短縮できる。また貨物列車の場合は、機関車の付け替えが解消され、かつ増発も可能となるため、短絡線の整備は大きな利点があった。

　ただ特急電車は、飯能を経由しなくなれば、所要時間は短縮され、利用者は座席を回転させる必要もなくなる反面、池袋〜飯能間で通勤や用務などで利用する人も多く、その人達から苦情が来る危険性が生じる。

　西武鉄道としては、池袋〜飯能間だけでなく、飯能〜西武秩父間の特急電車の利用者が減るということは、減収に繋がることもあり、避けたいところである。

　短絡線の建設や整備は、遅々として進展しなかった理由として、飯能市が東京のベッドタウンとして発展し続けていたことが影響している。飯能市の市街地の中心部を通るルートであるから、短絡線の全長は僅か500mほどの距離であっても、用地買収や都市計画と

の調整などで時間を要した。それでも1980年代の後半には、用地買収はほぼ完了していた。さらに、複線で線路を敷くことが可能な建設用地も、確保されていたが、セメント輸送が徐々にトラックに移ったこともあり、貨物列車の輸送量が減少傾向にあった。

大量の貨物を輸送するのであれば、鉄道で輸送した方がt当たりのコストが安くなるが、輸送量が少なくなれば、鉄道は地上設備の維持管理費が嵩んでしまう。そのような理由から、西武鉄道では1996年(平成8年)に、貨物列車の運転が終了した。

短絡線を整備することにより、最大のメリットを享受出来るのは、貨物列車である。貨物列車が廃止されたことで、西武鉄道は短絡線の計画を休止してしまった。現在は、取得した建設用地も、放置された状態になっている。

短絡線の用地が放置されているため、埼玉県は2009年度(平成21年)に、「短絡線の整備による所要時間の短縮」を西武鉄道に要望している。埼玉県とすれば、秩父から所沢や池袋への所要時間の短縮に繋がるため、整備して欲しいのが本音である。

しかし西武鉄道は、現時点では短絡線を整備する計画は無いという。

西武鉄道が消極的になる背景として、池袋線の飯能～吾野間と西武秩父線の利用者数は、減少傾向にあったことが挙げられる。西武秩父駅の場合、2005年度(平成17年度)の1日当たりの平均乗降人員は、8,065人であった。

秩父駅の場合、秩父鉄道との乗換駅である上、秩父へビジネスや用務で来る人もいるため、かつては1日当たり8,000人以上の利用があった。それが2009年度(平成21年度)は約1割減少して、7,194人になっていた。2012年度(平成24年度)は、更に減少して6,655人まで落ち込んでしまうなど、右肩下がりの状況に歯止めが掛かって

いなかった。これは少子高齢化の進展による通学需要の減少や、過疎化の進展などが影響している。

　建設用地が確保済みとはいえ、線路を敷くのに多額の費用を要する上、維持管理費も要する。複線であれば尚更である。利用者が減少傾向にあるのであれば、鉄道会社としても消極的にならざるを得ない。

　だが右肩下がりであった西武秩父線ではあるが、2013年度（平成25年度）以降は、訪日外国人観光客の増加もあり、西武秩父駅の利用者も増加に転じた。2017年度（平成29年度）は、7,418人で、2009年度（平成21年度）を上回った。

　2016年（平成28年）3月には、観光列車「52席の至福」が運転を開始し、2017年（平成29年）に全車座席指定の「S-TRAIN」が、土日・祝日のみではあるが、元町・中華街〜西武秩父間で1日に1往復の運転を開始した。「S-TRAIN」は、10両編成で運転されることもあり、「52席の至福」よりも、遥かに1編成当たりの定員も多い。これらも利用者の増加に貢献したと、筆者は考えている。

　そんな中、2019年（平成31年）3月16日には、池袋〜西武秩父間の新型特急001系電車「Laview」が運転を開始した。この電車の詳細は、6章で詳しく説明するが、非常に大きな窓とソファーのような座り心地の良い座席が特徴である。女性にも乗車して欲しいこともあり、パウダールームも備えるなど、従来の西武鉄道の特急電車とは、一線を画する特急電車である。

　最近の西武鉄道は、積極的に西武秩父線の活性化策を実施するようになった。「52席の至福」は、座席定員が少ない上に、土日・祝日の運転が中心であるため、大幅に利用者が増えるとは言えない。利用者が大幅に増えるのは、001系電車で運転される新型特急「Laview」と「S-TRAIN」である。

　西武秩父線の需要が増えて、短絡線の計画が再開されることになるとしても、池袋〜西武秩父間で運転される特急列車を全て短絡線で運転すると、飯能に住む人やビジネスや観光、用務で飯能を訪問する人は、困ることになる。その場合は、飯能で乗降する人に対する配慮が重要となる。

　筆者は、東飯能駅に特急電車を停車させて対応するのが、良いと考える。そうなればJR八高線の利用者も増えるため、クルマ社会になっている埼玉県西部も、公共交通の分担率の向上が期待出来る。

　飯能駅(写真2.40)は、飯能市の中心部にあるため、池袋〜西武秩父間で運転される特急が、直に東飯能へ乗り入れるとなれば、飯能駅周辺へ行く用事のある人に対しては、飯能〜東飯能間にシャトル列車を設定して対応する方法がある。また飯能市内の路線バスも、西武鉄道が運行しているため、東飯能駅へも乗り入れるバスを増やして、対応する方法も考えられる。

(写真2.40)
飯能駅は、飯能市の中心部に位置しているが、行き止まり式の駅である。

もし計画された短絡線に線路を敷設するには費用を要するが、特急電車や「S-TRAIN」「52席の至福」が通過するのであれば、単線で開業させれば整備費用だけでなく、維持管理費も安くなる。埼玉県が整備を求めているのであれば、その費用は埼玉県が負担して、国から地方交付税で補助してもらう方法を、模索する必要があるだろう。

　東飯能駅に特急電車や「S-TRAIN」が停車するようになれば、ホームの延伸などでコストを要することになるが、ＪＲ八高線の旅客も西武鉄道は取り込める利点がある。

(注1) 近代日本の貴族階級のことである。

(注2) この案は、秩父鉄道が西武鉄道に合併されることが前提となっていた。

(注3) 欧州などで普及している鉄道改革で誕生した制度である。インフラ保有と、列車運行に分け、鉄道事業者の経営状態は、列車運行だけを見て判断するようにしている。列車を運行する事業者は、インフラの減価償却費や維持管理費の支払いから解放されるため、鉄道事業の経営状態は、大幅に改善する。その反面、スピードアップを行いたい場合、列車を運行する鉄道事業者の判断だけでは、インフラの設備投資が出来なくなる。また事故などが発生した際、インフラ側の事業者の責任か、列車を運行する鉄道事業者の車両か、乗務員などのミスかで、揉めることにもなる問題点もある。

(注4) 東武日光線が全通したのは、1929年(昭和４年)である。

(注5) 王子電気軌道は、現在の都電荒川線である。当時は、それ以外に王子〜赤羽(現:赤羽岩淵に相当)の路面電車を運行していた。武州鉄道が赤羽まで南下してくれば、これとの直通運転を計画していたと

いう。

(注6)モノレールは、ゴムタイヤで走行することから、急勾配の走行に
は適するが、架線集電式ではないため、最高速度も100km/hが限
度である。かつ跨って走行したりするため、定員も少なくなるだけ
でなく、車内も狭くなることもあり、居住性でも難がある。事実、
現在、モノレールが導入されている所も、路線長は20kmもないぐ
らいであり、空港からJRや民鉄の最寄り駅を結んだりする形が多
い。

(注7)武州鉄道の免許に絡む贈収賄事件については、滝嶋が懲役2年の
実刑判決が下された。楢橋には、懲役2年で執行猶予が3年、そし
て追徴金900万円であった。東京陸運局鉄道部管理課主査には、
懲役6ヶ月で執行猶予1年、そして追徴金5万円であった。滝嶋の
部下に懲役8年、執行猶予2年の有罪判決が、それぞれ下された。
また武州鉄道免許に絡む贈収賄に関する証拠隠滅に関しては、滝嶋
を含めた4人が起訴されており(滝嶋は証拠隠滅教唆罪)、実刑判決
が出た滝嶋を除いた3人には、執行猶予付きの有罪判決が下され
た。

(注8)EF81は、交流区間になると出力が2,320kwにダウンするだけで
なく、最高運転速度も100km/hに落ちる。交直両用車両は、基本
的には直流車両である。今日では、コンバーターを用いれば、交流
を簡単に直流に変換が可能であるが、EF81が開発された1968年
(昭和43年)頃は、整流器を通して直流に変換していた。
そうなると今日のような綺麗な直流にはならず、交流と直流が混
ざった脈流に近い直流になってしまい、整流器の出口にコンデン
サーとコイルを組み合わせた平滑回路を用いて、脈流を取り除くよ
うにしていた。それでも安定した直流にはならず、性能が落ちたの
である。

第3章

所沢球場への観客輸送

1 西武ライオンズの誕生

（1）何故、球団を所有しようとしたのか

　1978年(昭和53年)の公式戦の全日程が終了した後の10月12日に、日本のプロ野球界に激震が走った。それまで「クラウンライターライオンズ」という球団は、クラウンガスライターの親会社である廣済堂クラウンが、球団を所有していた。それがこの日に、球団の売却を発表したからである。そして国土計画の堤義明が、クラウンライターライオンズを買い取り、本拠地を埼玉県所沢市へ移転する旨を発表した。

　クラウンライターライオンズの前身は、太平洋クラブライオンズであり、それ以前は九州で鉄道やバス事業を運営する西鉄が、親会社として西鉄ライオンズを所有していた。

　西鉄ライオンズの時代は、1954年(昭和29年)にリーグ初優勝をしてから黄金時代が始まり、1956年(昭和31年)〜 1958年(昭和33年)は、3年連続で日本シリーズ優勝をするなど、西鉄ライオンズの黄金時代であった。

　稲尾和久投手以外に、青バットの大下弘や後に西鉄や日本ハム、阪神の監督になる中西太、後に選手兼任の西鉄ライオンズの助監督となり、引退後は野球解説者として活躍する豊田泰光、後に近鉄やオリックスの監督になる仰木彬、さらに高倉照幸らの好選手を擁し、「野武士軍団」と呼ばれた。

　特に1958年(昭和33年)の巨人との日本シリーズは、日本のプロ野球界に記憶として残るシリーズとなった。最初に3戦を巨人が勝利し、日本一へ大手を掛けたが、その後、西鉄が4連勝して、見事に日本一に輝いている。この時は、「鉄腕」と言われた稲尾投手の大

活躍があった。

　その後は、中西太などの主力選手の故障や、豊田泰光の移籍などが相次ぎ、チームの成績は低迷する。1967年（昭和42年）には、西鉄ライオンズの経営が赤字であったことから、経費削減策の一環として、主力の一人であった高倉照幸を、金銭プラス宮寺勝利を受け入れるという条件で、巨人との間でトレードが成立している。

　西鉄ライオンズの悲劇は更に続き、1970年（昭和45年）には、国会まで巻き込んで八百長と、暴力団との関係から「黒い霧事件」が発生した。

　当時、西鉄ライオンズのエースであった池永正明などの主力選手3名が、「野球界永久追放」になったことから、大幅な戦力ダウンとなった。

　その結果、同年に西鉄ライオンズは、球団初の最下位に転落すると、1972年（昭和47年）まで、3年連続の最下位となってしまった。

　チームが弱くなると、人気が低下することになり、本拠地であった平和台球場への観客動員数が激減する。西鉄とすれば、球団経営が慢性的な赤字状態になり、自社の鉄道の利用者も減少すれば、当然のことながら、球団を手放したくなる。

　そこで同年のオフに西鉄は、球団の売却を決めた。同年11月には、ロッテオリオンズの中村長芳オーナーが球団を買い取り、「㈱福岡野球」に商号が変更されたが、これだけでは資金面で脆弱であった。

　当時のパ・リーグは、1972年（昭和47年）に東映フライヤーズ（現：北海道日本ハムファイターズ）の売却が行われるなど、セリーグと比較すれば、観客動員数では完全に水を開けられており、球団経営は厳しい状態にあった。事実、1975年（昭和50年）頃は、甲子園球場で開催される阪神対巨人の一戦は、満席で入場規制をする状態であって

も、西宮球場(注1)で行われていた阪急(現:オリックスバッファローズ)対南海(現:ソフトバンクホークス)の一戦は、観客動員数は5,000人程度と閑散としていた。

当時、阪急の大エースであった山田久志VS野村克也や門田博光の対戦などは、見応えがあった。実力では、パ・リーグの方が上であるにも拘わらず、お客さんは入らなかったのである。

そうなると資金面を強化しなければならず、㈱福岡野球は何処か提携先を探す必要があった。そんな時、平和相互銀行の創業者である小宮山英蔵が、全国に27のゴルフ場のチェーンを造るという構想に基づき、1971年(昭和46年)に太平洋クラブという会社を設立していた。そこで「㈱福岡野球」は、太平洋クラブと提携することになった。そして命名権契約により、球団名が太平洋クラブライオンズとなる。

現在は、経営基盤が弱く慢性的な赤字の鉄道事業者が、少しでも増収を図りたく、駅名に対して「命名権」を販売するビジネスが行われているが、鉄道会社に先んじて、日本のプロ野球の世界に新しい価値観が入ったことになる。

太平洋ライオンズに変わると、新外国人ドン・ビュフォードや大洋から江藤慎一を獲得するなど、打撃を中心とした補強を進めた。結果として、4位というようにBクラスではあったが、最下位は免れることにはなった。

だが1975年(昭和50年)のオフに、球団はメジャーリーグで名将として知られるレオ・ドローチャーを監督に招聘することを決めた。それまで監督兼任選手であった江藤慎一は、選手兼打撃コーチに格下げされることになり、江藤慎一が反発する。最終的に江藤慎一は、太平洋ライオンズを退団してロッテに移籍し、現役選手を続行することになった。

レオ・ドローチャーは、太平洋ライオンズの新監督には就任したが、来日直前に急病で倒れ、1976年(昭和51年)の春季キャンプは、監督不在という異例の状態で実施された。その後も、ドローチャー側の二転三転の応答に球団側が業を煮やし、契約を解除するなどのゴタゴタの影響もあり、この年は前後期とも最下位に終わる。[注2]

そこで同年10月12日に、球団の所有は㈱福岡野球であるが、命名権を持つ冠スポンサーが、桜井義晃率いる廣済堂グループの傘下にあるクラウンガスライター[注3]となり、球団名が「クラウンライターライオンズ」となることが決定した。

「クラウンライターライオンズ」になっても、球団経営が苦しいため、太平洋クラブから若干の資金援助が続いていた。それゆえ「クラウンライターライオンズ」のユニフォームの右袖には、「太平洋クラブ」のロゴマークが、継続して付けられていた。

1978年(昭和53年)には、後に阪神で活躍し、かつ阪神の監督にもなる真弓明信以外に、立花義家などの若手が台頭し、レギュラーとして定着したため、2年連続の最下位は免れ、5位で終わることになった。

だが同年のオフに、球団は西武鉄道グループの国土計画(後のコクドで、現:プリンスホテル)に買収され、球団名は西武ライオンズとなる。今度は、命名権の売買だけでなく、㈱福岡野球という会社ごと国土計画に買収されたのである。この時には、元首相であった福田赳夫が、球団の名誉会長に就任した。

筆者は、西武鉄道の親会社である当時の国土計画が、クラウンライターライオンズを買収した理由として、球団を所有すれば西武鉄道の利用者を増やすことが可能である上、球場建設(現メットライフドーム)は旧西武建設に担わせ、野球場の庭や芝生管理は、西武造園に担当することが出来るため、利益が大きいと考えていた。また堤

義明は、プリンスホテルという社会人野球のチームを所有していた
ため、スポーツに対する造詣が深いことも影響していると考えた。
　その旨を西武鉄道へ尋ねると、以下のような回答が得られた。
「当時のパ・リーグ会長から、プリンスホテル野球部の活動などで
社会人野球に意欲的であった西武グループに、ライオンズ球団の運
営の立て直しの要請があり、これに応える形で当時の国土計画(現
プリンスホテル)が球団買収を決断しました。またプロ野球チームを
所有する意義としては、西武グループのイメージリーダーとしての
役割を果たし、新たな『西武グループ』のファンを獲得するためで
す」とのことであった。
　やはりプロ野球チームを所有することで、球場への観客輸送だけ
でなく、西武鉄道に対しても親しみを持ってもらいやすくなる。
　西武ライオンズの本拠地は、西武狭山線の沿線にある西武ライオ
ンズ球場(現:メットライフドーム)になることが決まる。同年の12月
18日は、新本拠地となる球場の名称が、「西武ライオンズ球場」に
決定したが、球場は未だ完成していなかった。
　クラウンライターライオンズの買収が、1978年(昭和53年)10月
であり、翌年の4月からは公式戦が開始されるため、買収した時点
で本拠地となる球場を建設していたのでは、開幕に間に合わない。
　そこで西武鉄道に対して、「現在のメットライフドーム(当時は、西
武ライオンズ球場)は、何時完成したのか」という旨の質問もしてい
る。
　西武鉄道からの回答は、「1978年(昭和53年)6月1日に、着工し
ています。竣工が、翌年の3月31日であり、『西武ライオンズ球
場』として誕生しました。そして同年の4月8日の公式戦から使用
を開始しました。また1997年(平成9年)7月7日に、ドーム化に向
けた工事を着工し、翌1998年(平成10年)3月18日には、第一次工

事として客席のみ屋根を設置しました。その時に、球場の名称も
『西武ドーム』に変更しています。フィールドを膜屋根で覆う第二
工事は、翌1999年(平成11年)に完成しました」とのことであった。

　以上のことから、クラウンライターライオンズの買収が発表され
たのが、1978年(昭和53年)10月であったが、西武ライオンズ球場
の建設に着手したのが、同年の6月1日であるから、パ・リーグか
らクラウンライターライオンズの運営の立て直しに関する依頼は、
以前からあったと言える。

　球団が創設されたとなれば、球団事務所が必要となるため、
1978年(昭和53年)の10月17日に、池袋にある「サンシャイン60」
内に開設した。そして10月25日に、運営会社の商号を㈱福岡野球
から、㈱西武ライオンズ(現:埼玉西武ライオンズ)に変更する。同年の
12月5日には、ペットマークと青色を基調としたシンボルカラー
が発表された。ペットマークは、漫画家であった手塚治虫の名作
『ジャングル大帝レオ』をイメージして、キャラクター(写真3.1)を
採用したところ、プロ野球ファンだけでなく、今まで野球に関心の
無かった人に対しても、「西武ライオンズ(現:埼玉西武ライオンズ)」
を知ってもらえる効果を生み出した。

　そして当時のオーナー
であった堤義明は、目玉
選手の獲得に乗り出す。
クラウンライターライオ
ンズ時代は、投手の東尾
修[注4]ぐらいしか看板選手
がいなかった。これでは
勝てないだけでなく、お
客さんを呼ぶことも出来

(写真3.1) 手塚治虫の『ジャングル大帝レオ』をモ
デルとしたマスコットが導入されてい
る。

ないと考えた。

　そこで目玉選手として、元南海の選手兼任監督で、当時はロッテに所属し、後にヤクルトと阪神、楽天の監督に就任する野村克也、同じくロッテから山崎裕之を獲得した。それ以外に、当時は阪神の４番打者で、後にダイエーの監督に就任する田淵幸一も獲得した。

　野村克也は、三冠王に１度(首位打者は、この時だけ)、ホームラン王９回、打点王に７回も輝く実績を有しており、王貞治・長嶋茂雄と比肩するか、それ以上の実績を有していた。田淵幸一も、ホームラン王に輝くなどの実績を有しており、明るいキャラクターでもあったことから、阪神時代は人気選手でもあった。

　ただ野村克也、田淵幸一共に捕手であるが、野村克也は完全に全盛期を過ぎていたこともあり、田淵幸一が正捕手であり、野村克也は控えの捕手となったが、ピッチャーをリードする技術や配球などは、田淵幸一を完全に凌駕していた。両者は後に監督に就任しているが、監督としての実力の差は、誰が見ても明確に出ていた。

　野村克也は、「ID野球」^(注5)を掲げるだけでなく、「野村再生工場」と言われ、他球団で戦力外通告を受けた選手を拾い集め、再生して復活させることで、手腕を発揮した。これにより万年Ｂクラスであったヤクルトスワローズを、常勝のチームへと変え、リーグ優勝４回の内、３度は日本一となった。

　1978年(昭和53年)は、クラウンライターライオンズの身売り以外に、江川問題もマスコミを賑わせた。江川卓は、1977年(昭和52年)のドラフトでは、当時は法政大学の学生であったが、クラウンライターライオンズに１位指名された。指名された江川卓は、クラウンライターライオンズへの入団を拒否した。

　翌1978年(昭和53年)には、阪神が江川卓をドラフトで１位指名したが、江川卓は空白の１日を利用して、巨人へ入団している。

　もし西武ライオンズの誕生が1年早ければ、江川卓は巨人へ入団するのではなく、西武ライオンズへ入団し、森監督の黄金時代には、貴重な右の先発投手として活躍していた可能性が高いと考えられる。

　初シーズンの1979年(昭和54年)は、最下位に沈んだが、この時にアニメ『がんばれ!!タブチくん!!』が人気であったこともあり、初年度からパ・リーグの観客動員数では、トップになるなど、クラウンライターライオンズ時代とは、違う様相を呈するようになった。

　初シーズンから3年間は、Bクラスに甘んじていたが、1982年(昭和57年)に広岡達朗が監督に就任すると、西武ライオンズとしての初のリーグ優勝だけでなく、日本一を成し遂げた。初シーズンの頃は、実力がありながら活躍が出来ておらず、それを皮肉ったアニメまで誕生した田淵幸一であったが、広岡が監督に就任すると、阪神時代の全盛期のような活躍をするように変貌していった。そして1985年(昭和60年)まで、3度のリーグ優勝を果たし、1986年(昭和61年)から始まる西武ライオンズの黄金時代の礎となった。

（2）臨時列車の増発

　鉄道事業者にとって球場への観客輸送は、纏まった需要が見込めることから、ある面では魅力的でもある。だがその反面、「何時に、試合が終わるか分からない」や、ドーム球場になる前は天候により試合が中止になったり、途中でコールドゲームになり、9回を待たずして試合が終了してしまうことがあった。

　試合が始まる時は、観客は分散して球場へ向かう上、始まる時刻は概ね分かっているから、臨時列車のダイヤも設定しやすい。

　だが試合が終わると、一斉に帰宅することになるため、その時間

に混雑が集中してしまう。その上、試合の終了時間が分かりづらい。鉄道事業者も、今までの統計などがあるため、凡その目安は分かるだろうが、試合では延長戦になることもしばしばある。

　こうなる時は、明日に仕事などがある人は、９回が終わった頃に帰宅する人もいるが、熱狂的なファンになれば、最後まで試合を観戦することになる。

　延長15回ぐらいで、「時間切れ引き分け」になると、時刻は23：30分を過ぎてしまうことになる。鉄道事業者は、９回で終了する時刻は、21：00過ぎぐらいであるから、西武球場前を21：30過ぎに発車する臨時電車を設定すれば良い。

　延長戦になることを見込んで、鉄道事業者もそれに対応した臨時のスジなども用意はしているが、輸送担当者は絶えず球場と連絡を密に取り、試合終了後の観客輸送に対応しなければならない。当然のことながら、運転士や車掌などの乗務員だけでなく、駅員でもある。一斉に駅に観客が押し寄せることから、整列乗車を強いたりする必要も生じる。昨今では、ICカード式の乗車券などが普及したため、自動券売機に長蛇の列が出来ることが無くなり、昔に比べれば負担は軽減されている。

　しかしICカード式の乗車券が普及するまでは、臨時の窓口まで設定して対応しなければならないこともあったし、改札口も自動化されていなかった時代は、駅員も増員して対応に迫られるなど、球場への観客輸送は、鉄道事業者にとっては増収になる反面、その観客を捌くことでも、苦労していたことも事実ではある。

　西武鉄道では、メットライフドームでのプロ野球の試合が開催される日には、試合開始・終了時刻に合わせて実施する「野球ダイヤ」を準備しているという。野球の試合終了時刻は、日によってばらつきがあるため、試合が延長戦になっても対応できるように、複

数の運行パターンを用意している。それにより柔軟に電車を増発するという。

　試合終了の連絡を受けた西武球場前駅の駅長は、速やかに司令へその旨を伝達することから、試合終了後の観客輸送が始まる。「野球ダイヤ」は、15分刻みで複数、設定されているという。そのダイヤの中から最適なダイヤを決定し、司令から各駅・乗務員など、関係各所に一斉に伝達される仕組みになっている。司令からの伝達により、駅に待機している電車の発車時刻が決定し、乗客を迎える準備を整えるという。

（2）優勝記念乗車券の販売

　西武鉄道では、埼玉西武ライオンズがプロ野球史上に残る熱戦を勝ち抜き、パ・リーグ連覇という快挙を果たした時、「埼玉西武ライオンズ パ・リーグ優勝記念乗車券」の発売と、「埼玉西武ライオンズ パ・リーグ優勝記念スタンプラリー」を実施している。

　西武鉄道では、「パ・リーグ優勝」という快挙は、「地域・ファンの皆さまとチームが一体となって勝ち取る勲章」であると考えている。野球エンターテインメントを通じ、新たな感動を作り上げて頂いたお客様に感謝の気持ちを込めて、パ・リーグ優勝決定後に記念乗車券を発売している。

　かつて西武ライオンズは、森祇晶が監督であった1986年(昭和61年)から1994年(平成6年)頃までは、投打共に戦力が揃っており、黄金時代であった。打者では、秋山幸二、デストラーデ、清原和博、石毛宏典、伊東勤、辻発彦、平野謙、田辺徳雄などが揃っていた。特に秋山・清原は「AK砲」と呼ばれ、打線の中核であり、そこへデストラーデが加わったクリーンナップ打線は、巨人の黄金時

代を凌駕したぐらいである。

　筆者は、辻発彦の存在が大きいと考えている。辻は、１番バッターとしていぶし銀の実力を発揮し、守備では「名ショート」と呼ばれる職人的な選手であった。イチローが出てきて、１番バッターが注目されるようになったが、筆者は、野球は４番バッターよりも、ある面では１番・２番が重要な役割を果たすと考えている。

　４番バッターは、一発狙いのバッティングをするため、際どい所に投げて、カウントが悪くなれば歩かせれば良い。仮に４番バッターから打順が始まる時は、アウトコース低めに投げれば、長打は出づらく、どうしてもゴロとなってボールが転がるため、シングルヒット辺りで済むことが多い。これを救い上げてホームランにするには、相当なバッティングの技量が必要となる。これが上手かったのは、通算で3,085本のヒットを打ち、「安打製造機」と呼ばれた張本勲である。

　だが１番・２番バッターは、そのように対応出来ない。歩かせて出塁させると、盗塁を行って来る。また打ち取った当たりでも、時には俊足のため内野安打になったりする。その他、エンドランや送りバントなど、攻撃の幅が広いため、相手チームの投手は対戦しづらい。１番・２番バッターを出塁させると、その後に一発がある大砲が控えているとなれば、対戦投手には精神的な負担を与えることが出来る。

　黄金時代の西武ライオンズが、得点力が高かった要因として、秋山・清原のホームラン量産もあるが、そこへ繋げる辻のバッティングの存在を無視して語れない。

　一方の投手陣であるが、ライオンズの生え抜きである東尾修以外に、晩年はヤクルトへ移籍し、後に西武ライオンズの監督に就任する渡辺久信は、1986年(昭和61年)、1988年(昭和63年)、1990年(平

112

成2年)に最多勝利を挙げており、1986年(昭和61年)は勝率第1位であった。

　後に巨人に移籍し、ソフトバンクの監督に就任する工藤公康は、1993年(平成5年)にシーズンMVP、1987年(昭和62年)、1991年(平成3年)、1993年(平成5年)に勝率第1位を獲得している。

　郭泰源は、1991年(平成3年)がシーズンMVP、1988年(昭和63年)、1994年(平成6年)に勝率第1位に輝いている。石井丈裕は、1992年(平成4年)にシーズンMVP、勝率第1位、沢村賞と、ピッチャーとしての栄誉を独占する活躍をしている。

　その他として、渡辺智男も1991年(平成3年)に最優秀防御率に輝き、リリーフエースであった香取義隆も1990年(平成2年)に最優秀救援投手になっている。このように投手陣も、先発からリリーフまで、充実していた。

　森は捕手の出身であったことから、4番バッターばかり揃えたり、先発投手ばかり揃えるようなことは、絶対にしなかった。捕手出身であるから、各打順の役割を認識しているだけでなく、投手も先発・中継ぎ・抑えというように、分業制になることを理解していた。

　森は、巨人の黄金時代の正捕手であったことから、川上野球を継承している。黄金時代の巨人と言えば、どうしても王貞治・長嶋茂雄を連想してしまうが、土井正三や黒江透修のような、守備が上手くて渋いバッティングをする選手も多く、それぞれの選手が良い意味で持ち味を出していた。それを直に見ているため、バッティングだけでなく、守備の重要性も認識しており、辻発彦のように攻・走・守と三拍子の揃った選手を重宝した。

　森は、1986年(昭和61年)から1994年(平成6年)まで、西武ライオンズの監督を務めたが、川上哲治に遜色のない実績を残している。

1989年(平成元年)は、仰木彬が率いる近鉄バッファローズにリーグ優勝を許してしまったが、それ以外の年は全てリーグ優勝している。また1992年(平成4年)までリーグ優勝した年は、必ず日本一にもなっていたため、9年間の監督在位期間中にリーグ優勝を8回もしており、その内の6回が日本一である。

1993年(平成5年)は、野村克也が率いるヤクルトスワローズに日本一を許してしまったが、日本シリーズは最終戦の7戦までもつれた。

その前年も同様に、野村克也が率いるヤクルトスワローズと日本シリーズを戦うが、戦力的には西武ライオンズが圧倒的に優位であるにも関わらず、野村ID野球には苦戦を強いられ、最終戦である第7戦で辛うじて、日本一を手にした。

1990年(平成2年)は、巨人を相手に日本シリーズを戦い、4連勝で日本一になっている。この時の巨人の監督は藤田元治であり、投手出身の監督であったこともあり、12球団一の投手力を誇っていた。この年の巨人は、9月上旬に2位のチームを大きく引き離し、ぶっちぎりで優勝している。

巨人というチームは、川上以前から「打高投低」の傾向が強いが、藤田は「野球というスポーツは、相手に点さえ与えなければ、負けることはない」ということを熟知しており、守り重視の野球であった。

藤田も川上野球を継承しており、管理が上手いことで定評のある名監督である。ただ投手出身であったため、「守り重視の野球」は、川上よりも徹底していた。

この年の巨人は、勝率も6割5分程度であり、1992年(平成4年)にリーグ優勝したヤクルトの勝率5割2分とは、雲泥の差があった。

　「巨人優位」と言われていたにも関わらず、日本シリーズでは西武ライオンズが圧勝し、「西武ライオンズが圧勝」と言われながら、ヤクルトスワローズに苦戦を強いられたことから、森西武ライオンズVS野村ヤクルトスワローズの日本シリーズは、野球の奥深さを見せつけられた中身の濃い試合が続いた。知将同士の対決は、本当に野球が好きな人にとっては面白いものである。

　西武ライオンズの黄金時代は、巨人の黄金時代とは異なり、「ドラフト」という制度が導入されていたため、各球団の戦力の格差が少なくなっていた時代であった。そして今日のように、ＦＡや「逆指名」いう制度も無かった時代であったため、良い選手を確保しようと思えば、トレードなどを行うしか、方法はなかった。

　森は、特にトレードをしたわけではなく、金銭交換で良い選手を獲得したわけでもない。選手を育て、その選手を上手く管理をし、攻・走・守の面でバランスの取れたチームを作り上げたため、これは大変な快挙であると言える。監督としての手腕は、非常に高いレベルにあり、選手を育てて強いチームを作ったという意味では、川上哲治を上回っていたかもしれない。

　西武ライオンズの黄金時代は、ほぼ毎年、優勝していたため、優勝記念の企画乗車券が、毎年発行され、優勝記念のイベントも開催されたりした。

　森の後の西武ライオンズであるが、東尾修や伊東勤、渡辺久信、田辺徳雄、辻発彦などが監督を務め、田辺徳雄以外は優勝を経験している。森の薫陶を受けた後任の監督は、川上野球を継承しているため、巨人の伝統は埼玉西武ライオンズで生きていると言える。

　球団が創設された最初の年は、球団のスタッフなどが揃っていなかったこともあり、最下位に沈んだが、それ以降は、Ｂクラスになることはあっても、最下位は経験しておらず、安定した実力を誇っ

ている。

　2008年(平成20年)には、より「地域密着」を掲げ、球団名を「埼玉西武ライオンズ」へ変更することで、埼玉県民のプロ野球チームであることを、前面に押し出すようになった。

　2019年(令和元年)は、埼玉西武ライオンズが優勝したため、10月1日(火)より「埼玉西武ライオンズ パ・リーグ優勝記念スタンプラリー」を実施した。これは、対象となる5駅にスタンプが設置されており、それぞれの駅を回って、全てのスタンプを集めると、カラフルなポストカードが完成する。完成したポストカードは、記念に持ち帰ることが可能である。

　2019年(令和元年)のスタンプラリーは、参加するだけで「埼玉西武ライオンズ パ・リーグ優勝記念オリジナルメモ帳」がプレゼントされた。

2　山口線の新交通システム化

(1) 新交通システムの概要

　山口線も、西武ドームへの観客輸送を担う重要な路線であるため、本著ではそれについても触れることにする。山口線の前身は、多摩湖ホテル駅前とユネスコ村駅の3.7kmを結ぶ、単線の「おとぎ線」という鉄道であった。この鉄道は、1950年(昭和25年)に開業した762mmゲージの軽便鉄道であり、「おとぎ列車」という名称であったことから、法律上は鉄道ではなく、「遊具」という扱いであった。

　開業から2年後の1952年(昭和27年)には、地方鉄道法に基づいて「おとぎ列車」を、「遊具」から地方鉄道に転換することになり、名

称も「山口線」となった。それでも「おとぎ列車」の名称は、その後も用いられた。

　西武鉄道の鉄道路線となった山口線ではあったが、運賃は他の西武鉄道の路線とは、別建てであり、距離による通算運賃は適用されなかった。山口線の運賃は、大人片道200円、子供片道100円であり、多摩湖ホテル前～ユネスコ村間を結ぶ路線であるから、ビジネス需要が殆ど期待出来ない。そこで営業時間は、9：30から17：30までであった。

　運転を開始した当初は、バッテリー式の機関車が客車を牽引していたが、1972年(昭和47年)には、日本に鉄道が開業してから100年を迎えたことから、それを記念してＳＬの運行を開始した。

　山口線では、平日はバッテリー式の機関車を使用し、冬季以外の休日はＳＬを運行した。冬場に、ＳＬを運休にしていたのは、空気が乾燥するため、火災予防上の理由からであった。1976年(昭和51年)12月17日には、ＳＬの交代に合わせ、運行を休止した。その期間に、トンネルを廃止して切り通しにしたり、架道橋の架け替えなどの改修を行うなど、路盤強化を図った。

　翌1977年(昭和52年)３月19日から、山口線の営業が再開され、改修工事を行った結果、ＳＬの重連運転も可能となったが、1979年(昭和54年)に所沢球場が西武ライオンズの本拠地となると、所沢球場への観客輸送が加わるようになった。そうなると軽便鉄道規格の山口線では、輸送力不足が顕在化してしまった。

　そこで山口線の輸送力を増強するため、軽便鉄道から案内軌条式の新交通システムに変更されることになり、1984年(昭和59年)５月14日に、山口線の運行を休止した。

　新交通システムは、翌1985年(昭和60年)に、西武球場前～西武遊園地間の2.8kmが開業している。

以前の山口線は、遊園地前〜ユネスコ村間の3.7kmの営業であったことから、新交通システムとなって、ルートや運転区間が変更された。新しい山口線は、西武球場前で狭山線に接続し、西武園遊園地前で多摩湖線に接続するようになった。

　新交通システムが導入された理由として、輸送力増強と所沢球場(現:メットライフドーム)への交通アクセスの改善である。

　それ以外に、飯能日高ニュータウンと高麗駅間を、新交通システムで結ぶ構想があり、それの実験を兼ねていたとも言われている。旧山口線は、地方鉄道の免許を取得して「おとぎ列車」を運行していたが、新交通システムを導入することに際して、一旦は旧山口線を「廃線」という扱いにした上で、新たに新交通システムの免許を取得している。

（2）新交通システムの特徴と性能

　新交通システムに置き換わった山口線は、西武球場前〜西武園遊園地前間の2.8kmを結ぶ路線であり、側方案内軌条式の新交通システムとなり、空気入りゴムタイヤ(補助輪入り)で、コンクリート製の路盤上を走行する。駅は起終点駅含めて3駅あり、全線が単線であるから、途中に行き違いのための信号所が1箇所ある。

　電化方式は直流750Vであり、最高速度は50km/hとなっているが、専用軌道を走行するため、道路交通渋滞に遭遇することが無い。直流750Vの採用は、VVVF制御の実用化を念頭に置いていると言われている。

　構築物であるが、車両基地は西武球場前を出て、暫くした所に1か所設けられている。丘陵地帯であるから、トンネルが5か所あり、橋梁も7か所ある。電気運転を実施するため、変電所も1か所

設けられている。

　信号・保安設備は、色灯式の地上信号が採用されたが、ARC付き(Automatic Route Control)である。列車の速度制御や、非常時の停止に関しては、ATSが採用されている。車内に信号システムを設けるキャブシグナルとATOによる自動運転を実施すれば、保安性は向上する。この場合、運転士は列車を運転するのではなく、機器類の監視員となる。

　だがATOを導入するとなれば、導入コストが高くなることもあり、列車頻度の高い路線でなければ、不経済になってしまう。そこで通常の信号機を用いて、ATSを使用するワンマン運転を実施するなど、イニシャルコストだけでなく、ランニングコストの抑制にも配慮されており、合理的な運転システムが構築されていると言える。

　その他として、列車無線やホーム監視のテレビを、３駅に設置して安全性を担保している。

　日本の案内軌条式鉄道を用いた新交通システムは少なく、純民間企業が経営する路線としては、山万のユーカリが丘線(写真3.2)と山口線の２例だけである。山万のユーカリが丘線の新交通システム

(写真3.2)
山万のユーカリが丘の新交通システムも、純粋な民間経営である。

(写真3.3)
山万のユーカリが丘の新交通
システムは、現在でも車両は
非冷房のままである。

は、1982年(昭和57年)に導入されたため、山口線よりも歴史は古い
が、全く車両の更新が行われておらず、現在も非冷房のまま、営業
している(写真3.3)。

(3) 新交通システム化は正解であったのか

　西武山口線であるが、従来の762mmゲージの軽便鉄道では、輸送
力不足であった。現在では、低床式のLRTを導入するという選択
肢も出て来るが、当時は路面電車は「時代遅れな交通手段」と見ら
れていた。欧米で、低床式の
LRTが本格的に普及するの
は、1994年(平成6年)頃から
であるため、1980年代には
そのような発想は無かった
(写真3.4)。

　そうなると西武鉄道の他の
路線と同様に、1,067mmゲー
ジの鉄道に置き換えるなどの
対策が必要であった。丁度、

(写真3.4)
欧州では、1990年代に入ると、低床式のLRT
が普及するようになる。

1981年(昭和56年)に神戸のポートアイランドという人工島で、「ポートピア博覧会」が開催され、「ポートライナー」という新交通システムが導入された。また大阪市交通局(現:大阪メトロ)も、1981年に南港ポートタウン線に「ニュートラム」と言われる新交通システムを導入していた。さらに1982年(昭和57年)には、山万が、ユーカリが丘という住宅地に、新交通システムを導入するなど、一種のブームにもなっていた。

(写真3.5) 1981年(昭和56年)のポートピア博覧会に合わせて開業したポートライナー。

(写真3.6) 大阪メトロのニュートラムも、ポートピア博覧会の直前に開業している。

「ポートライナー」**(写真3.5)**や、「ニュートラム」**(写真3.6)**は、キャブシグナルという車内信号とATO (Automatic Train Operation)による自動運転が実施されているが、導入するための初期投資が割高になる。そして各駅には、転落防止用のホームドアを設けているため、これらを動かす動力代や維持費が嵩んでしまう。

一方の山万の新交通システムは、ワンマン運転こそ実施しているが、運転士が乗務して運転するだけでなく、従来型の地上信号を用いて運転されている**(写真3.7)**。そして各駅には、ホームドアなどは設置され

ていない。西武鉄道も、新交通システムを導入するに際し、山万の運転システムを参考にしている。

初期の導入費用が割高になるキャブシグナルや、ATOによる自動運転は実施しない、運転士が乗務する形で、保安装置はATSを採用して、ワンマン運転を実施する。通常の信号機を採用することで、イニシャルコストだけでなく、ランニングコストも下げる方法を採用している。

事実、大阪メトロの新交通システムの「ニュートラム」は、3～5分間隔で運転されるのに対し、山口線は15～20分間隔で運転されることから、キャブシグナルやATOによる自動運転を採用したのでは、高コストになってしまう。事実、山口線はサーベラスが、「赤字」を理由に廃止しようとした路線である。

どのような軌道系システムを導入するかを検討する場合、何処へ乗り入れるかや、沿線にどのような施設があるのか、ということも重要である。

山口線の沿線には、西武園ゆうえんちやメットライフドームがあるが、遊園地は土日・祝日などは家族連れで賑わうが、平日は閑散としているし、土日・祝日であっても雨が降れば、客足が鈍ってしまう。

野球場も、西武ライオンズの本拠地であるとは言っても、ホーム

ゲームは年間で60試合ぐらいであり、それ以外の時はコンサートなどで使われることが、偶にある程度である。

1,067㎜ゲージの通常の鉄道とすれば、他の西武鉄道との直通運転も可能であるだけでなく、鉄車輪で走行する車両は、ゴムタイヤで走行する車両よりも、一般的に摩耗が少なくなる利点がある。

ただ、狭山線や多摩湖線と比較しても、山口線の輸送量は少ない。狭山線や多摩湖線の車両を、そのまま乗り入れさせるとなると、輸送力が大き過ぎて、山口線の区間では閑散としてしまう。

もし山口線が、池袋線や新宿線との結節点である所沢へ乗り入れるのであれば、ほぼ間違いなく、多摩湖線をそのまま延伸して対応していたと考える。この場合、山口線が通る場所は、多摩丘陵地帯であるから、鉄車輪では急勾配に対応しづらいことから、長大トンネルが掘削されていたかもしれない。ゴムタイヤ方式であれば、100‰以上の急勾配にも対応が可能である。

また当時、低床式のLRTが普及していたとしても、一般の道路に敷設すれば、道路交通渋滞に遭遇したりするデメリットや、軌道法では最高運転速度が40㎞/hに抑えられる点などを加味すれば、疑問が残ると考える。

山口線が通る地形や輸送量、導入コストなどを勘案すると、山万のシステムとほぼ同じ新交通システムを導入したことが正解であったと、筆者は考える。

山万の車両は、導入から37年が経過しても非冷房であるが、山口線の車両は、最初から冷暖房完備で導入されている。またICカード式の乗車券も適用可能であり、かつ西武鉄道の対距離運賃が適用されていることも加味すると、山万の新交通システムよりも、サービス水準が高いと言える。

(注1) 兵庫県西宮市にあった阪急ブレーブス(現:オリックスバッファロー
ズ)の本拠地である。1988年(昭和63年)のオフに、阪急は球団の身
売りを決め、大手総合リース企業のオリエント・リース(当時)が、
球団を取得した。その時、西宮球場は1937年(昭和12年)竣工と、
老朽化が進んでいたこともあり、本拠地を神戸市にあるグリーン
スタジアム神戸へ移転する。その後、西宮球場は解体され、現在は住
宅地になっている。

(注2) 当時のパ・リーグは、セ・リーグと比較すれば人気がなく、「人気
のセ・リーグ、実力のパ・リーグ」と呼ばれていた。そこで少しでも
観客動員数を増やしたく、1973年(昭和48年)から1982年(昭和57
年)までは、前期・後期も2シーズン制が導入されていた。こうす
ることで、優勝争いの機会が2度生じることになり、少しでもパ・
リーグを盛り上げたいという思いがあった。
だが反対に、通年の成績が1位であっても、優勝決定戦に出られな
い場合が生じたり、逆に通年の成績に換算すると、中位以下であっ
たとしても、パ・リーグの年間チャンピオンになる可能性が生じる
こともあり、公平性が損なわれるデメリットもあった。また優勝争
いの機会が増えるということは、別の見方をすれば、消化試合も増
えることに繋がる危険性もあったため、1983年(昭和58年)からは、
パ・リーグも1シーズン制に戻した。

(注3) 戦後の初期に、市川産業㈱として東京都で発足し、後に社名を㈱
クラウンガスライターに変更する。電子ライターや100円ガスラ
イターで大きなシェアを誇っていた。
1976年(昭和51年)10月に、太平洋クラブに代わり、㈱福岡野球が
運営するプロ野球チームの命名権を買収し、冠スポンサーとなっ
た。それによりチーム名も、クラウンライターライオンズ(略称:ク
ラウンライオンズ)と名乗っていた。
1978年(昭和53年)6月に、同社を存続会社とする形で、関連会社
の関東クラウン工業㈱と廣済堂印刷㈱を合併し、一旦は廣済堂クラ
ウン㈱へ社名を変更する。そして1981年(昭和56年)4月に、㈱廣
済堂へ社名変更したことで、「クラウン」という名称は消滅した。

(注4) 黒い霧事件の後の西鉄ライオンズは、極端な投手不足に陥ってい
た。かつての大エースであった稲尾和久は、チームがガタガタの状

態であるにも関わらず、現役を無理やり引退させられ、監督を引き受けざるを得なくなっていた。

かつてテレビ番組に出演した稲尾は、「投手が絶対的に不足している。私は、中継でもリリーフでも、勝敗やセーブポイントが付かないワンポイントリリーフでも良いから、投げさせて下さい」と球団幹部に直談判したぐらいである。

だが稲尾の要求は、却下されてしまった。その当時の東尾修は、二軍の試合で乱打を浴びてノックアウトされ、完全に自信を無くしていた。そして稲尾に、「野手に転向させて下さい」と申し出たという。すると稲尾からは、「お前は、明日から一軍の先発ローテーションの一員だ」と言われたという。それぐらい、西鉄ライオンズは、投手の駒が不足していたのである。稲尾自身、まだまだ現役を続けられる状態にあったし、西鉄ライオンズの投手が、絶対的な駒不足であったのだから、稲尾の現役を継続させるべきであったと、筆者は思っている。

その後の東尾は、奮起してライオンズのエースとして頭角を現すようになり、200勝以上を挙げて、「名球会」に入るような大投手になった。

(注5)「野村ID野球」は、巨人軍の野球がベースである。野村は、巨人に所属したことは、選手時代・監督時代共になかったが、野球を始めたのは、川上哲治に憧れを持ったことによる。当時の巨人は、最新の野球に関する考えを導入していたため、野村は捕手であったこともあり、巨人の野球に注目していた。それゆえ川上の野球を学ぶと同時に、南海の監督時代にヘッドコーチとして招聘したブレーザーの影響も受けている。ブレーザーは、後に阪神の監督にも就任するが、ブレーザーの高度な野球理論は、阪神には受け入れられなかった。阪神というチームは、一発狙いの大砲が出て来たりすれば、優勝するチームであったが、星野仙一が監督になった時は、気迫溢れるチームになっていたこともあり、2003年（平成15年）と2005年（平成17年）にリーグ優勝している。

野村は、三冠王にも輝く超一流選手ではあったが、他の超一流選手とは異なり、京都府立峰山高校という野球に関しては無名の高校出身であり、かつ自身も「テスト生」で南海ホークスに入団した。それゆえ「野村再生工場」は、野村が負けん気が人一倍強かったことに起因する。

南海に入団したのは、当時は鶴岡一人監督が南海を率いており、パ・リーグの強豪ではあった半面、新人を育てるのが上手かったことによる。それゆえ野村は、選手の心理がよく分かる面があり、これは日本のプロ野球史上、他の「名監督」と言われる人達も持っていない、野村だけの才能である。

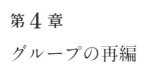

第4章
グループの再編

（1）旧態依然だった同族経営時代

　かつての西武鉄道は、堤義明が経営するコクドが長きに亘り、株式の多くを保有するファミリー企業であった。

　西武鉄道グループは、堤康次郎が一代で築き上げた会社であることから、堤康次郎が亡き後も、堤一族が影響力を持つことは、致し方ない面もある。

　鉄道事業などは、三男の堤義明が継承したが、1960年代以降は、高度経済成長の波に乗り、プリンスホテル・スキー場・ゴルフ場・スケートリンクなどのリゾート開発を行った。また東日本を中心に、宅地開発などが大規模に推し進められた。

　旧プリンスホテルは、西武鉄道の兄弟会社であったが、不動産の殆どを西武鉄道が所有し、旧プリンスホテルは、主に運営を行っていた。

　西武グループの不動産や観光開発と言えば、やはり箱根のイメージが強い。昭和中期には、箱根の不動産開発をめぐり、小田急グループと「箱根山戦争」と称される縄張り争いが繰り広げられた。箱根山戦争は、1950年(昭和25年)から1968年(昭和43年)に掛け、堤康次郎が率いる西武グループと、安藤楢六が率いる小田急グループの間で繰り広げられた、箱根のリゾート開発や輸送シェア争いの総称である。

　きっかけは、駿豆鉄道(現:伊豆箱根鉄道)が、1932年(昭和7年)8月に熱海〜箱根峠間に、「十国線」という自動車専用道路を完成させていたこともあり、西武鉄道は戦後の1947年(昭和22年)には、従来は元箱根〜小涌谷間で運行していた路線バスを小田原へ延伸させ、

小田原〜小涌谷までの路線バスの免許を申請した。

すると小田急の傘下にあった箱根登山鉄道は、1950年(昭和25年)3月13日に駿豆鉄道の運営する自動車専用道路の早雲山線に乗り入れ、小涌谷から早雲山を経て湖尻に至る箱根登山鉄道のバス運行の免許の申請を行なった。この路線を運行することによって、自社の路線のみで観光客を芦ノ湖まで輸送し、芦ノ湖で遊覧船事業も行うことで、自社のみで周遊ルートを構築しようとしたのである。

箱根登山鉄道は小田急の傘下であるが、その小田急もかつては東急電鉄の傘下にあったため、その当時も東急電鉄の影響を受けていた。芦ノ湖の遊覧船事業は、駿豆鉄道が独占していたが、箱根登山鉄道が芦ノ湖で観光船事業を開始したことで、競争が激化してしまった。それ以降、バスだけでなく、遊覧船などの全ての事業で争うようになった。

西武グループと小田急グループの争いというよりも、小田急グループの背後には、五島慶太が率いる東急グループが付いていたことから、西武グループ対小田急・東急グループの争いであった。

巨大グループ同士の衝突が熾烈を極めた。そこで舞台となった箱根山の名を冠して、「戦争」とまで呼ばれるようになった。

鉄道会社同士の争いでは、国鉄と東武鉄道の日光への旅客の取り合いの競争も有名である。国鉄が、1959年(昭和34年)9月22日に日光線を電化して、157系電車という全車座席指定の豪華準急「日光」の運転を開始すると、東武鉄道は翌1960年(昭和35年)に、DRC1720系電車(**写真4.1**)という、国鉄の一等車(現在のグリーン車)並みの居住性を有する豪華特急電車を導入して(**写真4.2**)、国鉄に対抗するようになった。

その後、東武鉄道が、国鉄を駆逐して市場を独占するようになったが、沿線の過疎化やレジャーの多様化、ターミナルが浅草という

立地の悪さもあり、現在はＪＲ東日本と提携して、新宿～東武日光・鬼怒川温泉間で、特急電車の相互乗り入れを実施している**(写真4.3)**。

　箱根山を巡る西武グループと小田急・東急グループの対立も、堤康次郎が「早雲山線は専用道路であり、他社のバスを通すことは法律的にも経済的にも許されない。強行するなら、国または県で、この専用道路を買い上げ、公道とするべきである」と主張したことにより、1961年(昭和36年)に早雲山線は神奈川県に買収されたことで、箱根山戦争は収束する方向へ向かうようになった。

(写真4.1)
東武鉄道のDRC1720系電車の外観は、ボンネット型であった。

(写真4.2)
東武鉄道のDRC1720系電車の座席は、国鉄のグリーン車並みであった。

（写真4.3）
現在は、東武鉄道とJR東日本が協力して、新宿〜東武日光間で、特急電車の運転を行っている。写真は、東武鉄道の「スペーシア」。

　訴訟にまで発展した「箱根山戦争」であるが、全ての訴訟案件が片付いた後の1968年(昭和43年)12月2日には、終結を迎えた。この日には、伊豆箱根鉄道の社長である堤義明、小田急社長の安藤楢六、箱根登山鉄道社長の柴田吟三、東海自動車社長の鈴木幸夫が、東京プリンスホテルに集まることになる。そこでは、箱根地区におけるバス路線の相互乗り入れにおいて、今後は友好的に協力し合うことを確認し、協定書に調印が行われた。

　それから35年が経過した2003年(平成15年)から状況が変わった。

　箱根を訪れる観光客数は、バブル期の1991年(平成3年)がピークであった。この年には、年間2,200万人が箱根を訪れていたが、それ以降は右肩下がりとになり、2003年(平成15年)には、ピーク時と比較して約15%の減少となっていた。そこで同年には、小田急電鉄と西武鉄道の両者が、箱根地区の路線バスの相互乗り入れ協定に

調印している。

1950〜1960年代は、バス事業は地方では花形産業であったが、自家用車が普及するにつれて、利用者は右肩下がりとなった。そうなるとパイの小さくなったところで競争をしていたのでは、お互いの経営体力を消耗するだけであるため、両者が協力してバス輸送サービスを維持する方向へ向かうことが望ましくなる。

「西武」と言えば、大半の人は、現在の埼玉西武ライオンズを連想するであろう。プロ野球チームを所有したことにより、西武グループは規模を拡大させ、社員数は3万人を有するようになり、「西武王国」と言われるようにまでなった。また1980年代には、堤義明は世界の長者番付入りを果たしている。

だが良い時代は、何時までも続かなかった。2004年（平成16年）3月に、総会屋の求めに応じて土地を安く譲渡させる形での利益供与が発覚した。俗にいう西武鉄道総会屋利益供与事件である^{（注1）}。

それから約6か月後の同年10月13日には、西武鉄道の長年にわたる有価証券報告書虚偽記載（コクドが保有する西武鉄道の保有株数を、実際よりも過少申告）の件で、コクド会長の堤義明が急遽記者会見を開いた。この証券取引法違反事件により、1957年（昭和32年）から東証一部に上場していた株式は、同年12月に上場廃止処分となった。その後は、グループ全体での組織再編、コクド、西武鉄道、プリンスホテルを中心とした不採算物件の売却などの事業再構築が行われるなど、この間は西武グループにとって大きな転換期となった。

堤義明をはじめ当時の経営陣が、西武鉄道、コクドの経営から身を引き、西武鉄道の後任の社長には、専務であった小柳皓正が昇格する形で就任したことで、西武鉄道と堤義明の関係は事実上切れた。

これにより同族資本が経営する鉄道会社は、東武鉄道と富士急行

だけとなった。

　かつて堤義明は、西武鉄道やコクドの総帥として、絶対的な権力を握っていたが、2005年(平成17年) 3月3日に有価証券報告書の虚偽記載と、インサイダー取引という証券取引法違反容疑で、東京地検特捜部に逮捕された。そして同年10月に有罪判決を受け、2009年(平成21年)10月に執行猶予期間が満了となった。

　また、これら一連の事件に関しては、コクドの幹部社員と、西武鉄道の前社長であった小柳皓正が、相次いで自殺したことが報じられた。

（2）グループ再編へ

　事態の収拾を急ぐため、2004年(平成16年)11月には、銀行主導で「西武グループ経営改革委員会」を発足させ、2005年(平成17年) 1月の中間報告では、持株会社設立により、西武鉄道とコクド、プリンスホテルを一体再生するというグループ再編案を発表した。

　西武鉄道のメインバンクは、みずほコーポレート銀行(旧:第一勧業銀行)であり、同銀行の副頭取であった後藤高志を、西武グループ再建にあたり、西武鉄道の代表取締役社長として迎えた。銀行から新しい経営者を送り込むことは、福井電鉄などでも実施されている。

　当時、西武鉄道の株式は、有価証券報告書の虚偽記載などにより、上場廃止となっていたが、2004年度(平成16年度)内のジャスダックの上場を目指していたとされる。^(注2)

　2006年(平成18年)のグループ再編時に、西武鉄道は株式移転により、西武ホールディングスの子会社となる。この時に、日本有数のリゾート開発を行っていたコクドは、プリンスホテルに吸収される

形で、消滅している。

　グループ再編後も、旧西武鉄道株主には、上場廃止前と同様に西武鉄道の株主優待乗車証などが謹呈されている。

　その後は、2008年（平成20年）のリーマンショック以外に、2011年（平成23年）3月11日には、東日本大震災が発生するなど、西武グループだけでなく、日本の景気全体が低迷する暗い話題が続いた。

　そんな中でも、西武グループは「峻別と集中」をコンセプトに掲げ、事業の再構築を実施した。また2008年（平成20年）には、より地域に密着したプロ野球チームを目指し、「西武ライオンズ」から、「埼玉西武ライオンズ」へとチーム名を変え、その後、埼玉県民に親しまれるプロ野球チームになっていく。

　これらの取り組みの結果、上場廃止となった西武鉄道の株式は、2014年（平成26年）4月23日に、「西武ホールディングス」として、東証1部への上場を果たしている。

　新西武グループ発足後は、後藤高志が代表取締役社長として、西武鉄道の新しい体制を築き、新しい取り組みに着手し始めた。後述する新型通勤車両スマイルトレインの導入は、西武鉄道のイメージを大きく変えることにもなった、その象徴とも言えよう。

　これにより他の大手民鉄と同様に、従来の通勤・通学客を兎に角輸送するという「量」だけの追求でなく、「質」の向上にも力を入れるようになった。これは少子高齢化の進展や街の中心部の空洞化、自家用車の普及などの要因も挙げられる。

　具体的に言えば、従来は増え続ける輸送量に対し、供給面で追い付くことに主眼が置かれていたが、今日ではイベントを企画して、鉄道ファンや利用者層の中に、積極的に入っていくようになった。また5章で紹介する「52席の至福」を導入し、熟年夫婦や女性グループなど、従来はあまり鉄道に関心を持たなかった層に対して

も、鉄道旅行の魅力を提供し、「地産地消」の考え方も加味して、沿線の活性化を模索するようになった。

（3）「量」よりも「質」を追求する会社へ

　現在の西武鉄道は、「あれも、これも、かなう。西武鉄道」をコーポレートメッセージにしている。西武鉄道では、関東では東急電鉄、関西では阪急電鉄と同様に、鉄道事業だけでなく、ホテルや不動産開発などを展開するなど、企業の多角化が他社よりも早く行われた。

　それに関しては、西武鉄道の沿線は勿論であるが、沿線ではない千葉県の房総や神奈川県の鎌倉市にある七里ヶ浜海岸周辺の土地を自社で保有しており、海岸を持つ数少ない鉄道会社でもある。

　更に西武鉄道の土地所有は、遠く滋賀県でもプリンスホテルを経営している。

　それ以外に、西武鉄道は滋賀県でも影響力を持っている。滋賀県は、堤康次郎の出身地でもあり、近江鉄道は西武鉄道の子会社である。それゆえ西武鉄道の古い車両が、近江鉄道へ譲渡され、現在も主力として活躍している(写真4.4)。また近江鉄道は、滋賀県内でも路線バス事業を展開しており、車体にはレオマークが付けられ

(写真4.4)
近江鉄道では、かつての西武鉄道の車両が、活躍している。

(写真4.5)
近江鉄道の路線バスには、「レオマーク」が付いている。

(写真4.6)
近江鉄道の路線バスの中でも、南草津駅～立命館大学BKC間は、ドル箱路線であるため、連接車を導入しないと、積み残しを出す危険性がある。

ている**(写真4.5)**。特に南草津駅～立命館大学BKCキャンパスを結ぶ路線はドル箱であり、昨今では二車体の連接バス**(写真4.6)**を導入しないと、積み残しを出す危険性が生じている。

2006年(平成18年)のグループ再編により、リゾート関係を中心に事業を展開してきた不動産会社のコクドは、プリンスホテル**(写真4.7)**へ吸収合併される形で、消滅している。

西武グループは、現在も東京の都心や池袋などの駅前の超一等地に、広大な土地を有している。そして小田急・東急グループと熾烈な競争を演じた箱根以外にも、サーフィンなどのメッカである湘南、避暑地として有名な軽井沢などの人気リゾート地にも、広大な土地を所有している。第2章でも述べたが、過去には、西武秩父線を軽井沢まで延伸する計画があり、幾つものルートが検討されたほどである。西武鉄道の所有する土地の資産価値は、一時期企業の中で日本一であった時もあるほどである。横浜・八景島

(写真4.7)
西武グループは、プリンスホテルを全国で展開している。

シーパラダイスも、西武グループ系の遊園地である。横浜は西武鉄道の沿線ではないが、このような場所であっても、横浜市の土地で、事業展開を行っている。

その恵まれた土地資産を活用して、石神井公園、大泉学園、小手指などの駅周辺で、宅地開発や駅ビルの建設などを実施した。この考え方は、箕面有馬電気軌道を創設した小林一三の影響を受けていると言える。

グループ再編後の大きなプロジェクトとしては、赤坂プリンスホテルの跡地を再開発し、「東京ガーデンテラス紀尾井町」(**写真4.8**)を開業させたことが挙げられる。赤坂プリンスホテルは、堤康次郎が1955年(昭和30年)に、旧李王家の邸宅を買い取って開業させており、その後は増築により別館や新館が開業している。

(写真4.8)
東京の都心部では、「ガーデンテラス紀尾井町」を展開している

だが2010年(平成22年)頃には、設備の老朽化による競争力が低下していたため、2011年(平成23年) 3 月31日で営業を終了した赤坂プリンスホテル^(注3)は、その後は解体され、「東京ガーデンテラス紀尾井町」が建設された。

「東京ガーデンテラス紀尾井町」は、東京都千代田区の麹町駅、永田町駅、赤坂見附駅に近接する大型の複合施設であり、オフィス、ホテル、商業施設

などが人居する紀尾井タワーと、賃貸マンションの紀尾井レジデンスの2棟で構成される。

　西武鉄道は「東京ガーデンテラス紀尾井町」だけでなく、所沢駅周辺や東京都区内の品川・高輪などでも、再開発を進行したり、計画中である。

　西武グループは、商業施設や小売・外食店を展開しているが、西武鉄道は大手私鉄では唯一、グループ内に百貨店を持っていないことが特徴である。これは創業者である堤康次郎の死後、西武鉄道グループ(現:西武グループ)と西武流通グループの2つに分かれたことによる。

　西武百貨店は存在しているが、これは西武鉄道が経営しているのではなく、西武流通グループが経営している^(注5)。経営破綻した㈱十合（そごう）が、2003年(平成15年)6月1日からは、西武百貨店と持ち株会社を創設したことから、商号を「ミレニアムリテイリング」へ変更した。そして第三者割当増資時に、当時の社長であった和田繁明が、当時の西武グループの会長であった堤義明へ打診し、西武鉄道が出資を引き受けている。

　2006年(平成18年)の西武グループ再編では、グループ全体の経営を統括する西武ホールディングスを設立し、そのもとに西武鉄道とプリンスホテルが収まる形となった。

　西武流通グループには、西武百貨店以外に「西友」という小店舗(スーパーマーケット)も存在する。「西友」は、西武鉄道の沿線に多く立地している。現在は、西武鉄道グループと西武流通グループという形で、グループが分裂してしまったが、分裂する以前の発展過程では、西友が店舗と土地を西武鉄道から賃貸していたことが影響している。

　昨今の日本では、流通不況の状態にあり、百貨店やスーパーマー

ケットなどの閉店が相次いでいる。かつて流通業界は、不況時であっても売り上げが落ち込みにくかった。これは食料品や衣料などが、堅実であったことが影響している。そして景気が回復すると、贅沢品や家具、耐久消費財などが売れるため、一気に売り上げが伸びる業界であった。

　それがインターネット通販やカタログ通販などの普及もあり、百貨店やスーパーマーケットは苦戦を強いられている。それ以外に、幹線道路沿いに大型の商業施設や専門店などが出来たことも影響している。

　そうなると西武百貨店や西友も影響をうけ、不採算な部門は縮小するか、売却をしなければならない。

　その結果、西友は西武流通グループを離れ、米ウォルマートの子会社になった。それでも西武鉄道との繋がりは未だに深い。事実、西武鉄道が開発するニュータウンや駅の改良工事が実施された後に、西友の新店舗が開店することが多い。またコンビニのファミリーマートは、西友の小売事業として発足したが、2007年(平成19年)からは、駅ナカコンビニであるTOMONYと提携している。

　西武鉄道グループも、商業施設の運営を実施していないわけではない。駅ビルに関しては、西武プロパティーズ(旧西武商事)を介して、PePeやEmioなどを運営している。またBIG BOX・アウトレットモールなどの大型商業施設も、運営している。

　西武鉄道は、2007年(平成19年)に、沿線の旅客誘致を担う部署として、新たに「スマイル＆スマイル部」を開設した。従来は、人口も右肩上がりで増加していたため、急速に増え続けていた輸送量に対して、設備投資を行って対応しなければならなかったが、この頃になれば日本の人口が右肩下がりで減少する時代になってしまった。

これは西武鉄道に限らず、何処の鉄道事業者も該当する事項であり、過疎地などの地方鉄道では、さらに過疎化の進展が加わるため、経営面で厳しさを増す。

　そうなると西武鉄道が自らイベントなどを企画して、鉄道ファンや子供に対して、積極的にアプローチを行うようになった。これにより沿線の人に、西武鉄道を親しんでもらう試みである。埼玉県西部では、クルマ社会になっており、生まれた時から自宅に自家用車があるため、子供が家族で外出する時は、自家用車で出掛けることが普通になっている。それゆえ子供に、鉄道に対して親しんでもらわなければ、今後、自社の利用者が確保出来ないという危機感が、西武鉄道にはある。

　その第一陣として登場したのが、西武のイメージトレインであるスマイルトレインと呼ばれる30000系電車である。この電車は、アルミボディーであるため、それ以前の「黄色い電車」という西武鉄道のイメージが一新され、ソフトなイメージを醸し出している。

（４）30000系スマイルトレインの導入

　30000系電車(**写真4.9**)は、池袋線・新宿線系統で運用された3扉構造の101系・301系電車を代替する目的で、2007年(平成19年)度より新製された通勤用電車である。この電車の内外装は、西武グループのスローガンである「でかける人を、ほほえむ人へ。」を、踏まえて設計されている。営業運転の開始は、2008年(平成20年) 4月26日であり、"スマイルトレイン"の愛称を持っている。

　輸送力の向上を図りつつ、混雑を緩和させるため、西武鉄道の通勤形電車では初の拡幅断面形状の車体を採用している。また西武鉄道の車両としては最初に、車内案内表示装置に液晶ディスプレイ

(写真4.9)
30000系電車は、西武鉄道の新しい顔である。

(LCD)を採用するなど、数々の新機軸が導入されており、内外装の
デザインは、女性社員の意見を反映している。

　従来の西武鉄道では、新型車両の開発・設計は、車両を専門に扱
う部署の社員のみで行われていた。こうなると、どうしても既存の
固定概念から脱却できにくくなる。西武鉄道が、次期通勤形である
30000系電車を開発するに当たり、当時の西武鉄道が置かれてい
た状況から説明しなければならない。

　当時の西武鉄道を含めた西武グループは、2004年(平成16年)に株
式の上場が廃止されるなど、再編・経営再建の途上にあった。その
ような状況下で、開発・設計が開始された30000系電車は、西武
グループの「新生・西武のシンボル」と位置付けられた。

　そこで専門部署以外の社員からの意見も汲み上げたく、様々な部
署より社員を募り、男性社員20名で構成されたプロジェクトチー
ムが、2005年(平成17年)12月に発足した。30000系電車のデザイ

ンコンセプトを、「Smile Train ～人にやさしく、みんなの笑顔をつくりだす車両～」と決定した。

　第一回の系統会議は、既成の鉄道車両の概念から離れることができず、議論は停滞してしまった。その様子を見た当時の西武鉄道の社長であった後藤高志(現:取締役会長)は、「女性の感性を取り入れてみたらどうか」と、アドバイスを行う。そこで第二回目の検討会議からは、11名の女性社員が加わった。

　30000系電車を開発するに当たり、複数のメーカーが参加してプレゼンテーションを実施した。その結果、日立製作所が製造することになったが、内装デザインの素案作成は、西武鉄道の女性社員のみで担当することになった。

　近鉄などでは、次期特急車両や通勤電車などを導入する際、車両開発の担当者は他社の車両に乗車するようにしているが、西武鉄道でも30000系電車を製造する際に、女性社員に他社の車両に試乗させて、意見の集約を進めた。

　参考とした他社の車両は、東京メトロの10000系電車(**写真4.10**)、JR東日本のE233系電車(**写真4.11**)、東葉高速鉄道の2000系電車などが挙げられる。特に座席部の構造および座席間に設置された握り棒の配置は、JR東日本のE233系が参考となった(**写真4.12**)。E233は、ロングシートではあるが、座席はバケット型となっており、座った際の座り心地

(**写真4.10**)
東京メトロの10000系電車は、座席に関しては「座り心地が良くない」と、平素から通勤・通学で利用する人からは、決して評判が良いとは言えない。

(写真4.11) JR東日本の通勤電車の主力となったE233系電車。

(写真4.12) E233系電車は、座席の握り棒が参考になった。

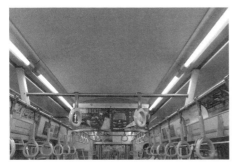

(写真4.13) 10000系電車の天井。

は、改善されている。30000系電車の座席も、バケット構造になっているから、座り心地は悪くない。

車内天井部および車両間の連結面の貫通扉部の構造は、東京メトロの10000系を参考にしている**(写真4.13)**。利用客の視点からの意見・感性を取り入れ、「たまご」をモチーフとした柔らかい感じに仕上げたという。

東京メトロの10000系電車であるが、女性には丸みのある先頭車のデザインは、魅力的に写るかもしれないが、平素、この電車を通勤・通学などで利用している人には、決して評判が良い電車ではない。

利用者が言うには、「座席の座り心地が良くない」「車内が暗めである」という。この東京メトロの10000系電車は、横浜市営地下鉄の元町・中華街から東急電鉄・東京メトロを経由して、西武鉄

道の飯能まで運転している。

　実際に、元町・中華街から飯能まで乗り通す需要は殆ど無いように思うが、長時間の乗車に適した座り心地を有する座席であるとは、言い難い面もある。それよりも元町・中華街〜飯能までの直通運転であるが、東急電鉄内では「特急」となり、東京メトロ内では「急行」、そして西武鉄道では「快速急行」として運転されるなど、利用者からすれば分かりづらい面がある。

　30000系電車の外観は、先頭車の前頭部は白く塗装されたことを除けば、それ以外はダブルスキン構造のアルミ合金の地肌色を生かした無塗装となったが、「生みたての卵のようなやさしく、柔らかな膨らみ」を、イメージしている。

　西武鉄道では、走行時の消費電力を削減するため、ステンレスよりも軽量化が図れるアルミ製の車体を、1992年(平成4年)にデビューした6000系から採用している。それ以降の西武鉄道は、車両を新造する際には、軽量化が図れるアルミ製の車体を積極的に採用するようになった。

　これは「加工しやすい」という理由で、鉄製の車両を積極的に導入する近鉄とは、対極にあると言える。

　30000系電車の内装は、「温かみのある優しい空間」をイメージして、壁部は清潔感のある白色系の化粧板が採用されている。天井部は、枕木方向に蛍光灯とラインフロー形状の冷房ダクトを配している点が、従来の西武鉄道の車両や、ＪＲ・他の民鉄の車両と大きく異なる**(写真4.14)**。そして中央部へ向かって弧を描くような形状となり、中央部の天井が高くなっている。これにより、従来車よりも最大の天井高を、150㎜高い2,405㎜とし、少しでも圧迫感を無くして、開放感のある車内に仕上げている。

　ダブルスキン構造のアルミ合金の車体だけでなく、天井のデザイ

(写真4.14)
30000系電車の冷房のダクトと照明。

ン も、2019年(平成31年)3月16日のダイヤ改正でデビューした001系「Laview」にも、影響を与えている。

30000系電車は、最高速度が105km/hである。起動加速度が3.3m/sであり、減速加速度が3.5m/sであるから、加速性能が優れた通勤電車であると言えるが、それよりも主にデザイン面における工夫が評価されている。

2009年(平成21年)7月には、30000系電車を製造した日立製作所と共に、NPO法人キッズデザイン協議会より、第3回キッズデザイン賞を、鉄道車両として初めて受賞した。

30000系電車は、西武鉄道のイメージリーダーとして、各種宣伝媒体および公式コンテンツに数多く登用されている。西武鉄道が創立100周年を迎えた2012年(平成24年)には、それを記念して100周年記念ロゴが制定されたが、それのモチーフにも用いられている。また同記念企画の一環として、埼玉西武ライオンズが中学生以下を対象に、100周年記念ユニフォームのデザイン案を一般公募している。

選考の結果、30000系電車の外装色を模したデザイン案が、埼玉西武ライオンズのユニフォームとして採用されるなど、デザイン面が評価されている。

（5）SEIBU プリンスカードの導入

　㈱西武鉄道と㈱プリンスホテルを中核とする西武グループは、㈱クレディセゾンと提携し、新生・西武グループ誕生の象徴として、2006年(平成18年)秋から「SEIBU プリンスカード(現:SEIBU PRINCE CLUB カード)」を発行することになった。

　西武グループは、従来から「プリンスカード」を発行していたが、「SEIBU プリンスカード」は、従来の「プリンスカード」を更に発展させている。

　新たに導入する「プリンスポイント」に加え、さらに「『セゾン』永久不滅ポイント」も貯まるようになった。そしてその後、クレジット機能が付いた「プリンスカード(現:SEIBU PRINCE CLUBカードセゾン)」だけでなく、西武グループを頻繁に利用するロイヤルカスタマーに対しても、上級カードである「プリンスカード ゴールド(現:SEIBU PRINCE CLUBカード セゾンゴールド)」も発行されている。

　現在は西武プリンスクラブ プリンスポイント加盟店を利用した際、税込みで110円に付き、プリンスポイントが1ポイント貯まり、貯まったポイント数に応じて、西武グループならではのお得な宿泊券や商品引換券と交換が可能となる。

　具体的に説明すれば、鉄道、駅ビル(PePeなど)などの日常の利用や買い物に限らず、プリンスホテルやゴルフ場などのレジャーまで、利用することが可能である。結果として、全国の西武グループで統一的なサービスを提供する初めてのカードとなった。

　入会するには、店頭で申し込む方法と、Webで申し込む方法がある。西武プリンスクラブカウンターやプリンスホテルズ＆リゾーツ、PePeなどでは、申し込めば「SEIBU PRINCE CLUB

カード」(ポイント専用会員カード)を、即時発行してくれる。

　申し込んだその日から、直ぐにポイントを貯めることは可能であるが、ポイントを商品と交換するには、「会員情報登録(マイページ登録)」が必要となる。

　「プリンスホテル」などは全国的に展開しており、西武鉄道の沿線に住んでいない人や、平素は通勤や行楽などで西武鉄道を利用しない人であっても、「SEIBU PRINCE CLUBカード」を所有する利点はある。このカードは、西武バスや西武トラベル、横浜・八景島シーパラダイス、メットライフドームだけでなく、遊覧船などに限定されるが、近江鉄道や伊豆箱根鉄道でもポイントが、もらえるようになっている。

　「SEIBUプリンスカード(現:SEIBU PRINCE CLUBカード)」が導入されるまでは、西武鉄道の定期券を購入する際は、現金でしか、決済出来なかった。このカードが導入されたことで、クレジットカードによる決済が可能となっただけでなく、非接触式の交通カード式乗車券(交通系電子マネー)との事業提携も可能となった。

　クレディーセゾンは、カードビジネスで培ったマーケティングノウハウを有している。これを「SEIBUプリンスカード」に融合することは、顧客(利用者)への利便性の向上だけをもたらすだけではない。ポイントを付与するなどのインセンティブを与えることで、良質で魅力あるサービスの提供が可能となり、顧客の満足度が向上する。

　このように「SEIBUプリンスカード」は、西武鉄道だけでなく、西武グループの施設を利用する幅広い客層に対し、アプローチを図っていると言える。

② 「質」を追求する着席サービスの開始

（1）拝島ライナー

　「拝島ライナー」は、西武鉄道が、2018年(平成30年)3月10日から、夕方から夜に掛けて、西武新宿から拝島へ向かう下り列車のみであるが、運行を開始した座席指定制の有料列車である。

　平日だけでなく、土日・祝日なども含め、17時〜22時台に掛けて、拝島行きのみであるが、1時間毎に6本運行される。

　本来ならば、朝の時間帯こそ、座席に座って新聞を読みながら出勤したいところであるが、朝のラッシュ時は、昔の西武鉄道ではないが、通勤・通学客を1人でも多く輸送する必要がある。夕方であれば、朝のラッシュ時ほど、混雑しないこともあり、ゆったりと座って帰宅したい乗客のニーズを満たすことが可能となる。西武鉄道としても、少しでも客単価を上げることが可能となり、お互いにWin-Winの関係になる。

　「拝島ライナー」は、通勤客への着席サービスだけでなく、高田馬場から小平までノンストップ運転であるから、速達性も提供しているといえる。高田馬場駅は、乗車専用であり、ここでは降車は出来ない。そして小平では、新宿線新所沢・本川越方面の電車に接続し、他の線区の利用者へも利便性が配慮されている。

　小平に到着した「拝島ライナー」は、その先は拝島線に入る。拝島線は、1968年(昭和43年)5月15日に全通した、比較的新しい線区であるが、玉川上水〜武蔵砂川間の2.4kmと、西武立川〜拝島間の2.7kmを除き、残りは複線である。

　「拝島ライナー」は、拝島線内は各駅に停車することから、新宿・高田馬場から乗車した小平〜拝島間の利用者が、着席した状態

148

で、帰宅が可能なように設定されているといえる。

　全車座席指定の列車であるから、乗車する際は大人300円・小児150円の座席指定券が必要である。この金額は、事前に駅などで座席指定券を購入した場合であり、座席指定券を購入しないで乗車すれば、ペナルティーとして200円が加算される。これは乗務員の発券手数料とも考えることができ、ＪＲ東日本の首都圏のグリーン車と考え方は同じである。

　車両は40000系電車(写真4.15)が使用されるが、この車両は特急などの優等列車に使用することを前提に設計された車両ではなく、通勤輸送にも使用するため、クロスシートにもなれば(写真4.16)、ロングシートにもなる車両である(写真4.17)。但しクロスシートとして使用すると、窓枠と座席のシートピッチが一致せず、実質的に窓の無い座席が発生している(写真4.18)。座席指定料金を徴収することから、座席の壁にはコンセント(写真4.19)やドリンクホルダー

(写真4.15)「S-TRAIN」「拝島ライナー」で使用される40000系電車。

(写真4.16) クロスシートにした状態。

(写真4.17) ロングシートにした状態。

(写真4.18)
40000系電車では、実質的に窓が無い座席が生じてしまう。

が備わっている**(写真4.20)**。

コンセントは、クロスシートは窓側に1つ、ロングシートは座席の間に1つずつ設置されている。また情報化時代に対応して、「SEIBU FREE Wi-Fi」も実施している。車内では、インターネットを利用した情報収集などが可能であり、移動時間を有効に活用出来るように配慮されている。

ロングシートであっても、背ずりが高く、ヘッドレストも大型で、座り心地はクロスシートと遜色が無い上、コンセントやWi-Fiも無料で出来る。

そして拝島に到着した「拝島ライナー」は、拝島から西武新宿へは、座席をロング

(写真4.19) 座席の側面に、コンセントが備わる。

(写真4.20) 座席の背面には、ドリンクホルダーが備わる。

(写真4.21)
「拝島ライナー」は、整理券が不要となる小平からの乗車が目立つ。

シートに転換して折り返す。この場合の座り心地は、従来のロングシート車よりも、各段に優れていると言える。

　長距離でも安心して利用してもらえるよう、4号車にトイレを設置している。車椅子の利用者や、ベビーカーを持った利用者も、安心して利用してもらいたく、おむつ交換シートを設置しているなど、至れり尽くせりである。

　小平以遠の各駅から乗車する場合は、座席指定券は不要となり、乗車券のみで乗車が可能となる。それゆえ小平からの乗車が目立つ**(写真4.21)**。但し小平以降も、指定券を購入した乗客に座席の優先権があり、車内放送でもその旨が放送されていた。

（2）「S-TRAIN」

2017年(平成29年) 3 月10日から、西武鉄道では新型の40000系電車を用いて、「S-TRAIN」の運行を開始した。西武鉄道では、平日は所沢〜豊洲間で東京メトロ有楽町線に乗り入れる形で運転される。

土日は、西武秩父から東京メトロ有楽町線の池袋を経由し、東京メトロ副都心線を走行して、渋谷へ到達する。そこからは東急東横線を通り、横浜へ到達して、更に横浜高速鉄道みなとみらい線へ乗り入れ、元町・中華街までの運転となる。

西武鉄道では、自社のHPで「土休日のお出掛けだけでなく、平日の通勤・通学などの様々なシーン(Scene)に、全席座席指定でゆったり快適に座れる座席(Seat)と、乗り換えのない(Seamless)直通運転の便利さを皆さまにお届けいたします」と、「S-TRAIN」の導入について説明している。

「S-TRAIN」を利用するには、西武鉄道線内のみの場合は300円であるが、他社に跨る場合は、510円からの座席指定券が必要になる。筆者は、2019年(令和元年) 9 月 8 日に元町・中華街から、「S-TRAIN」に乗車しているが、座席指定券を購入するには、改札口の外にある券売機で、購入しなければならない。ホームには、「S-TRAIN」用の券売機は設置されておらず、無札で乗車すれば、ペナルティーとして200円が余分に徴収されてしまう。

「S-TRAIN」のダイヤであるが、平日は上りが 2 本、下りが18:00 〜 22:00まで、60分間隔で 5 本、運転されている。平日の上りは、「S-TRAIN 102号」は所沢を6:24に発車し、豊洲着が7:24である。「S-TRAIN 104号」は、所沢を8:37に発車し、豊洲着が9:46である。

本来ならば、所沢を7:30頃に発車する「S-TRAIN」があれば、人気が出るところであるが、この時間帯は、ラッシュのピーク時であり、少しでも多くの人を運ぶ必要性から、「S-TRAIN」を運転するだけの余裕はない。

「S-TRAIN 102号」は、人気が高く満席に近い状態であるが、「S-TRAIN 104号」になれば、空席が目立つという。

休日の上りの「S-TRAIN 2号」は、飯能を9:18に出発して、渋谷が10:15に到着し、瀟洒な店舗が建ち並び、買い物ファンに人気がある自由が丘には、10:26に到着する。そして横浜着が10:45であり、みなとみらい着が10:49、終点の元町・中華街は10:54に到着する。

「S-TRAIN 4号」は、西武秩父発が17:05であり、飯能発が17:50、池袋着が18:42である。そして渋谷着が18:56、自由が丘着が19:06、横浜着が19:28、みなとみらい着が19:32、元町・中華街着が19:38というように、秩父や飯能方面へ出掛けた横浜や都区内の人が、帰宅するのに便利なダイヤになっている。

下りであるが、「S-TRAIN 1号」は、元町・中華街発が7:01であり、みなとみらい発が7:05、横浜発が7:09というように、発車時刻が少々早めである。自由が丘発が7:27であり、渋谷発が7:37、池袋着が7:49、飯能着が8:37で、終点の西武秩父には9:15に到着する。

「S-TRAIN 3号」は、元町・中華街の発車が、16:54と夕方であるから、飯能行きとなる。

みなとみらい発が16:58であり、横浜発が17:02、自由が丘発が17:22、渋谷発が17:32となる。池袋着が17:44で終点の飯能着が18:34であるから、元町・中華街やみなとみらい、横浜、自由が丘へ出掛けていた人が、帰宅するのに便利なダイヤである。

筆者は、2019年(令和元年) 9月9日に、「S-TRAIN 3号」に乗車しているが、この日は台風15号が接近しており、乗車した時間は、未だ雨は降っていなかったが、いつ降り出してもおかしくないような天候であった。

それも影響してか、乗客は各車両に3〜4名程度しかおらず、空気輸送に近い状態であった。東急線内では、運転停車する駅もある

(写真4.22)
「S-TRAIN」も、座席と窓枠が一致しなかったりする。

など、速達性が優れているとは、言えない状態であった。また座席は回転させて向かい合わせに出来るが、窓枠と座席のシートピッチが一致しないなど**(写真4.22)**、眺望に関しては良いとは言えない状態にあった。

「S-TRAIN 5号」は、元町・中華街を19:55に発車するから、横浜地区で昼間は思いっきり遊んで、食事を終えた後、帰宅するために設定された列車である。

みなとみらい発が19:59であり、横浜発が20:03、自由が丘発が20:22、渋谷発が20:32、池袋着が20:43であり、終点の所沢には21:11に到着する。

西武鉄道とすれば、瀟洒な店が立ち並ぶ自由が丘でのショッピング、みなとみらいや元町・中華街などでは、食事や観光に利用してもらいたく、それらに便利な時間帯に運行している。

ただ休日の「S-TRAIN 1号」の元町・中華街発7:01は、早すぎるように感じているだけでなく、西武秩父〜元町・中華街間は、

距離的にも長いため、2時間15分の所要時間を要する。クロスシートが中心とは言え、40000系電車はあくまで一般用の電車である。トイレも4号車にしかなく、独立した洗面所は備わっていないが、便器の横に手を洗える水道設備は備わる。また窓枠とシートピッチが一致しないなど、観光用としては、不向きとも言えなくもない。それでも座席には、ドリンクホルダーが設けられるなど、観光客に対する配慮はなされている。

　それゆえ筆者は、6章で紹介するが、001系「Laview」への置き換え、幾分のスピードアップと、元町・中華街発の時刻を9時台に繰り下げる必要があるように感じている。

　事実、001系「Laview」は、東京メトロへの乗り入れを加味したのか、先頭車には貫通路が設けられている。地下鉄線内を走行する車両は、地上を走行する車両とは異なり、非常事態が発生した際、扉を開けて避難させることが出来ない。そうなると、貫通路から乗客を避難させざるを得なくなる。

　そして筆者が「52席の至福」に乗車した際、「S-TRAIN」で使用する40000系電車は、横瀬駅の構内に留置されていた。西武秩父へ9：15に到着した後、横瀬駅の構内に回送して、そこで7時間近く、車両を留置させることは、不経済である。

　秩父方面へハイキングに出掛ける人が多くいることは認識しているが、西武秩父着9：15は、早すぎるように感じていた。そこから秩父鉄道に乗り換え、三峰口や長瀞へ向かうとしても、これらへ到着するのは10時頃である。

　関西地方で行楽客向けの列車を設定するとなれば、大阪難波や阿部野橋、京都を10時台に出発するように、設定する傾向がある。近鉄の「しまかぜ」「青の交響曲（シンフォニー）」は、それらの駅を10時台に出発するし、近鉄も秋に吉野方面へハイキング列車を

設定することもあるが、阿部野橋を10時頃に出発するように、臨時列車を設定されていた。

　ハイキングを行うとしても、歩く距離は4〜5km程度であり、休憩しながら歩く上、途中で昼食として1時間採るとしても、3時間程度あれば全行程が終了するように感じていた。新緑や紅葉のシーズンに吉野へハイキングに行く人は、吉野へ11:00頃に到着してから、吉野山などを歩いて回る傾向にある。

　そこで西武鉄道に、その旨を質問したところ、「西武秩父駅に到着してから、秩父鉄道で長瀞・三峰口に向かうお客様もいらっしゃいます。2020年(令和2年)3月14日のダイヤ改正までの土日・祝日には、池袋7:05発、8:05発の長瀞・三峰口行きの快速急行を、4000系電車を用いて運転していましたが、多くの人がご利用されています」とのことであった。

　西武鉄道は、西武秩父線が開業する以前から、吾野方面へハイキングに向かう人のために行楽列車を設定していたこともあり、ハイキング列車の設定に関しては、「得意である」とは認識していた。

　だが東京の人達は土日・休日であっても、早朝から出掛けることを知り、驚いた。

　「S-TRAIN 1号」を、001系「Laview」を使用した特急に置き換えれば、西武鉄道線内で300円の座席指定料金が、特急料金に置き換わるため、西武鉄道にとっては、増収に繋がる。また西武秩父に到着した車両は、池袋行きや西武新宿行きの特急として使用すれば良く、車両を横瀬駅の構内で遊ばせる不経済からも解放される。

　利用者には、特急料金が適用されるため、値上げにはなってしまうが、その分だけ所要時間が短縮されるだけでなく、座席もリクライニングシートとなり、座り心地も良くなる。また40000系電車

では、座席と窓枠が一致せず、眺望が殆ど期待出来ない座席も多いが、「Laview」に置き換われば、眺望が大幅に向上する。さらにトイレや洗面所などの付帯サービスも充実するため、満足してもらえる可能性が高い。

さらに言えば、特急として運転するのであれば、横浜地区の人達が利用しやすい時間帯に設定するであろうから、利用しやすくなるだろう。

但し運行する西武鉄道、東京メトロ、東急電鉄にとっては、保安システムの問題だけでなく、ホームドアの問題や、東急電鉄の特急は料金不要であるのに対し、西武鉄道の特急は有料であるなど、案内上の問題も生じるなど、事業者間の調整が不可欠になる。

以上のような問題もあるが、001系「Laview」の誕生は、「S-TRAIN」の今後に、影響を与えそうである。

(3)「拝島ライナー」「S-TRAIN」に乗車した筆者の感想

西武鉄道から「S-TRAIN」に関して、「平日下りの『S-TRAIN』の運行については、運行開始から右肩上がりに乗車率が増加しており、認知度が向上してきていると感じています。今後は、『チケットレスサービスSmooz』のPRも合わせて展開し、『S-TRAIN』ご利用時の指定券の買いやすさや、利便性の高さをアピールして、全体的な乗車率の向上に繋げていきたいと考えています。また早い時間帯の列車(101号・103号・105号)に比べ、遅い時間帯の列車(107号・109号)については、乗車率が低い傾向にあります。利用シーンに合わせた『S-TRAIN』の使い方を訴求し、更なる認知度と乗車率の向上を目指します。土休日の『S-TRAIN』の運行については、GWや連休時などの繁忙期には、多くのお客様にご利用頂いてい

ます。閑散期についても、今後は今年オープンした飯能の『ムーミンバレーパーク』などへのお出かけに、座ってゆったり乗車できる便利な列車として、様々なPRを行いたいと考えています」という回答をもらった。

　西武鉄道では、「チケットレスサービス」や、乗車率の低い列車に関しては、需要を喚起する施策を模索しているようである。こういう方法も、１つの方法であり、座席指定券を購入する際に、窓口に並んだりするのは、面倒くさい。

　「チケットレス」は、望ましいサービスであるが、西武鉄道は他の民鉄とは異なり、クレジットカードによる決済が出来ないなど、その方面の対応が遅れている。2021年(令和3年)は、東京でオリンピック・パラリンピックが開催される予定のため、クレジットカードによる決済の導入は、喫緊を要すると考える。

　一方、筆者が「拝島ライナー」「S-TRAIN」に乗車して感じたことであるが、40000系電車では中途半端な座席構造であり、西武鉄道の管内では300円の座席指定券が必要である。西武新宿から拝島まで、仮に特急電車が設定された場合、特急料金は500円である。

　価格面を見れば、200円の値上げになるが、座席はリクライニングシートに置き換わることで快適になる以外に、小平〜拝島間の各駅停車が無くなることで、もう少し速達性が向上することが期待出来る。そして小平から拝島間は、普通乗車券だけで乗車が可能となることから、時間帯によれば大量の乗車があり、車内が混雑してしまうことは、特急になれば解消される。

　特急になると、拝島へ行く人にとってはサービス向上になる。西武鉄道にとっても、40000系電車は通勤に使用することを前提に設計されているため、片側4扉であるから、座席定員が少なくなっ

てしまう。10000系特急電車と比較した場合、1両当たりの座席定員は変わらないかもしれない。

　そうなると西武新宿から拝島間で、500円の特急料金が徴収出来る特急へ格上げる方が、西武鉄道には増収になる。この場合、「Laview」導入で捻出した10000系電車を使用することになるだろう。

　ただ西武鉄道にしてみれば、増収にはなっても、「拝島ライナー」が特急に格上げされると、小平〜拝島間で普通電車を新規に設定しなければならなくなるから、車両や人件費増となる面は否めない。また拝島へ到着した10000系電車を西武新宿へ戻す場合、こちらは下り程の需要は見込めないだろう。さらに言えば、昼間は10000系電車を遊ばすことになるため、西武鉄道にとっては、そこは避けたいところかもしれない。

　ただ筆者からすれば、10000系電車は既に減価償却を終えているため、そちらを計上する必要はない。デビューから25年程度しか経過しておらず、まだまだ使用可能な車両ではある。それゆえ「拝島ライナー」を、特急に格上げて使用することが望ましいと考える。

3　サーベラスによる西武鉄道の株の買い占め

（1）サーベラスとは

　サーベラスは、米国を拠点とするプライベート・エクイティ・ファンドである。米国の年金基金や機関投資家などから集めた投資信託を基に、運営されている。米国の元副大統領であったダン・クエールが

顧問を務め、現在はブッシュ政権下の財務長官であったジョン・スノーが会長を務めることから、共和党と結び付きが強い金融機関である。

サーベラスと日本との関りであるが、2000年代の初期にITバブルが崩壊すると、多くの日本企業が経営危機に陥っていた。そのような日本企業に対し、サーベラスは大口の出資を行うようになる。

サーベラスが、日本の市場へ参入が可能になった理由は、1996年(平成8年)に金融ビッグバンが実施されたことで、銀行などの金融機関に「時価会計」が導入され、さらに2001年(平成13年)になれば、他の業種にも「時価会計」が導入されたことが挙げられる。

日本の銀行は経営体力が弱まり、中小企業などに対しては、貸し渋りや貸し剥がしを行っていた。そうなると企業は外資系の金融機関に頼らざるを得なくなった面もある。

西武グループとサーベラスの関わりは、西武グループが再編を目指していた時に、経営再建にあたり資本増強のパートナーの選定を行ったことに始まる。その時に、約30社の投資ファンドや証券会社からプレゼンを受け、提案の具体性やサポート力、西武グループ事業に対してバランスの取れた見方を持っていたとして、米国の投資ファンドであるサーベラスを選定している。

2006年(平成18年)1月には、毎日新聞が「昭和地所による南青山での地上げに暴力団が関与」と報じたことに対し、傘下にあった昭和地所に対する名誉棄損として、毎日新聞を相手に115億円の損害賠償を求め、提訴した。^(注6)

2006年(平成18年)1月同時に、サーベラスグループは、西武ホールディングスに対し、河井一彦・岩間甫・勝野雅弘の3名の派遣を予定していたが、彼らは取締役就任を辞退している。そして同年2月には、西武グループの経営再建の資金として約1,000億円を出資

160

している。

　西武グループとサーベラスは、経営再建に向けて友好関係が続いていた。ところが2012年(平成24年)になると、「フェアな上場」にこだわる西武ホールディングスとサーベラスの間で、上場のプロセスに関して見解の相違が生じ、対立するようになった。

　サーベラスは、同年10月と2013年(平成25年) 3 月に、西武鉄道の不採算路線である多摩川線、新交通システムの山口線、国分寺線、多摩湖線、西武秩父線の廃止と、埼玉西武ライオンズの売却、プリンスホテルのサービス料の値上げ、高輪・品川地区についての将来の開発計画の開示などを、要求してきた。

　サーベラスのこれらの要求に対し、西武ホールディングスは拒否したこともあり、2013年(平成25年) 4 月下旬を期限とした、西武鉄道の経営陣の賛同を得ずに行う敵対的な株式公開買い付けであるTOB(take-over bid)へと発展した。

　敵対的TOBを実施しようとすれば、経営陣は買収に対する対抗策を講ずる。 1 つ目の対抗策として、株主に対しては「買付け価格が低い」として、買付けに応じないように勧告する。

　その他としては、白馬の騎士 (White Knights) と呼ばれる第三の友好的な企業との合併か、そのような企業に、新株を引受けてもらい、買収を避けたりする。

　敵対的TOBが実施されそうな時は、買収されることを防ぐため、自社の株価を引き上げ、買付け価格が高くなるように誘導する。そうなると社員をリストラするなどして経費を削減し、少しでも利益が多く出るようにして株価を釣り上げて、買収されないようにする。

　日本で「時価会計」が導入されたことで、株価を上げなければ、外資などに買収されてしまう危険性が高まっている。そのため経営

者も、「株価第一主義」を念頭に置き、社員や顧客ではなく、株主の方を向いて経営をするようになってしまった。

だが敵対的TOBを実施する場合、買付け価格が十分に高く設定されてしまえば、経営陣が抵抗を止め、買収に応じることもある。

西武鉄道のケースでは、沿線自治体からは、路線の存続を求める声が上がっただけでなく、若林久社長は埼玉県知事や沿線首長に対して、「なんとしても路線を守りたい」という意思表示をしている。

日本におけるサーベラスのその他の動きであるが、2009年(平成21年)に、大口の出資先である、あおぞら銀行が、新生銀行と経営統合する計画が浮上したが、2010年(平成22年)5月に新生銀行側の事情により、この計画は破談となった。

2014年(平成26年)1月にサーベラスは、バス・タクシー事業を運営する国際興業と西武ホールディングスの所有株を売却し、同年2月には日本から撤退すると報じられた。

外資が日本企業の株式を所有する目的として、株式を所有して利ザヤを稼ぐことや、「ストック＆オプション」という制度の活用が考えられる。この制度は、自社の株式を所有することで株価が上がれば、その株式を売却して、キャピタルゲインを得ることを目的とする。サーベラスは、日本に進出していたため、日本人社員もいた。外資が、日本企業の株式を所有することや、「ストック＆オプション」という制度は、日本の企業などを投機の対象としてしまうため、問題がある制度であると言える。この制度は米国で生まれたが、1997年(平成9年)に商法が改正され、日本でも解禁になっている。

2017年(平成29年)8月、サーベラスが西武ホールディングスの保有株を、全て売却したことが判明した。当時の後藤社長の追い落としだけでなく、敵対的TOBも不調に終わったこと、また上場後に

株価も順調に上昇し、西武ホールディングスの株式を売却しても、損をしないことが分かったなど、様々な理由が考えられる。

　ただ分っていることは、その後、サーベラスが、日本から撤退したことは確かである。

（2）サーベラスの目的

　2004年（平成16年）に発生した不祥事により、それまで東京証券取引所に上場していた西武鉄道の株式は、同年12月には上場廃止となり、大変な信用不安に陥っただけでなく、企業としての存続も危ぶまれていた。

　当時は、有利子負債が1兆4,000億円もあり、この削減が喫緊を要する課題であった。そのため西武グループでは、「峻別と集中」というコンセプトを基に、経営改革を進め、収益性を上げることを目指すと同時に、当時の西武グループは、「早期に良い形での株式上場」を、経営の最重要課題としていた。

　西武グループとしても、2004年（平成16年）の上場廃止という背景もふまえ、上場企業に求められる水準まで内部管理体制を高めるため、コーポレート・ガバナンス、内部統制の整備・強化に注力していた。

　また同時に、公共交通としての役割を持つ「西武鉄道」のみならず、「伊豆箱根鉄道」や「近江鉄道」、そして「プリンスホテル」は、全国に展開していたことから、各地域と密接な関係を持っていた。また「埼玉西武ライオンズ」は、多くのファンに支えられていた。それぞれのグループ会社は、その高い「社会的使命」を念頭に、短期的な利益のみならず、中・長期的な企業価値を向上させることを目指し、すべてのステークホルダーの利益向上の実現のた

め、最大限の努力をしていた。

　こうした取り組みにより、西武グループは企業価値向上のための取り組みを、グループ一丸となって推進し、「財務体質の強化」と「収益力の向上」を着実に達成していった。

　サーベラスは、西武グループが目指している株式の再上場を支援したかったことは、確かではある。米国では、証券会社も銀行のような融資業務も実施している。だが米国の企業文化と、日本の企業文化は全く異なることを、理解していなかったようだ。西武グループは、西武鉄道だけでなく、系列のグループ会社も含め、高い社会的使命を持っており、短期的な利益だけでなく、中長期的な視点から経営を行い、企業価値を向上させ、株主の利益向上も目指すスタイルである。一方の米国では、「新自由主義」という弱肉強食社会が蔓延しているため、短期的な視点からしか、経営状況を見ない。不採算部門などは、他社に売却したり、切り離そうとする。そうなると4節で取り上げる、西武鉄道の不採算路線の廃止や、埼玉西武ライオンズの売却などは、西武グループからすれば到底、受け入れられないことになる。

　1990年代の終わりから2000年代の初期の頃は、「日本的経営は駄目だ。米国型の経営が良い」と、マスコミなどで喧伝されたが、日本の企業で働く人達は、給料などの待遇だけでなく、「社会的使命」も重視する傾向にある。また日本企業は、不況になって企業業績が悪化したとしても、社員をリストラするのではなく、ボーナスや賃金カットを実施して不況を凌いでいた。西武グループも、敵対的なTOBを仕掛けられたことに対して、社員をリストラして買収を逃れたわけではない。その点で言えば、西武グループなどは、良い意味で「日本的経営」を行っていた企業である。これは堤康次郎が滋賀県出身であり、「感謝と奉仕」の精神や近江商人の持つ三方

良しの精神が、息子の堤清二や堤義明にも受け継がれ、「地域思い」「顧客満足」として、新体制の現在も息づいている。やはり企業は、創業者の経営理念は、経営者が変わったとしても、継承されるものである。

筆者は、西武グループとサーベラスの軋轢が生じた件に関しては、「日本的経営の良さ」を見直す契機となるのではないか、と考える重要な出来事であったと考える

4 廃線の危機を迎えた西武秩父線

(1) サーベラスの要求

西武グループの経営に、サーベラスという米投資ファンドが、参入してきた背景を考えるには、1996年(平成8年)に実施された「金融ビッグバン」などの金融改革を、無視して考えることは出来ない。この金融制度改革は、橋本龍太郎が首相の時に実施されたのであるが、この当時の日本は住専8社の不良債権問題を抱えており、公的資金を投入するか否かが、国会で審議されているような状況であった。また1995年(平成7年)頃からは、木津信用組合が経営破綻するなど、中小の金融機関では、経営破綻が出始めていた。

住専の不良債権の処理に関しては、最終的に公的資金として6,850億円が投入されたが、このように金融機関が疲弊している最中に「金融ビッグバン」という規制緩和を実施したことが問題である。

1927年(昭和2年)に、台湾銀行の取り付け騒ぎなどが生じたこともあり、戦後の日本では「銀行を倒産させてはならない」という考え方が根強く、「護送船団方式」を採用して、銀行などの金融機関

を倒産させないようにしていた。それゆえ日本の銀行など金融機関は、「諸外国と比較して経営体力が弱い」という指摘もあった。金融ビッグバンが実施されるまでは、日本に都市銀行が13行もあるような状態であり、橋本龍太郎や当時の大蔵省は、「銀行の数が多すぎる」と判断していた。

この金融ビッグバンの問題点として、米国と同様に「時価会計」を導入したことが挙げられる。それまでの日本の銀行などの金融機関は、貸借対照表で示す「簿価会計」を採用していた。それが市場価格である「時価会計」が採用されると、当時は地価などの資産価値が下がっていた時代であったため、含み損が表面化してしまう。そうなると「損失」を計上せざるを得なくなる。そんな状態になれば、株主はリストラを要求して来る。さらに1997年（平成9年）4月1日からは、当時の首相であった橋本龍太郎は、消費税の税率を5％に上げたことにより、消費不況も加わって、日本経済はデフレのスパイラルに突入してしまった。

金融ビッグバンは、何れは実施せざるを得なかった一面があるが、住専の不良債権を処理していた時期に実施されるなど、実施した時期が悪すぎた。またそのような状態で、消費税の増税を実施したため、深刻な不況になってしまった。

結果として、1997年（平成9年）には、北海道拓殖銀行の経営破綻や、山一證券の自主廃業などが相次ぎ、日本国内で金融危機が叫ばれた。また不運なことに、この年にはアジア通貨危機まで発生し、日本国内は不況のどん底に叩き落された。

この「時価会計」は、2001年（平成13年）に銀行などの金融機関だけでなく、他の業種にも全面的に導入された。これを行ったのが、竹中平蔵である。これにより日本企業は、軒並み評価損に陥ってしまった。

　こうなると日本の銀行や金融機関の経営体力も弱体化するため、日本の企業は外国の銀行や金融機関に頼らざるを得なくなる。それに伴い、日本には外国の銀行などの金融機関が、大量に参入して来ることになった。俗にいうところの「黒船来襲」である。西武グループとサーベラスとの関係も、このようなことが背景にあったと考えられる。

　この「時価会計」の問題点は、それだけでは済まなかった。敵対的買収を防ぐためには、自社の株価を高くしておかないと、買収されてしまう危険性が生じるようになった。自社の株価を高くするには、利益が多く出るようにしなければならない。そうなると、人件費を削減して経費を削減することが効果的であり、派遣労働者や契約社員などの、非正規雇用を多く生むようになってしまった。

　丁度、2001年(平成13年)に労働者派遣法が改正され、それまで通訳などの特殊な業務にだけしか認められていなかった派遣労働が、製造業などにも解禁され、年収300万円以下のワーキングプアを大量に生むことになった。この労働者派遣法を改正(改悪)させたのも、竹中平蔵である。つまり「時価会計」の導入と、「労働者派遣法」の改正は、セットで考えなければならない。

　さらに「時価会計」は、株式バブルを発生させる元凶でもある。株価が下がると、外資などに買収される危険性が出るため、会社の実態以上に業績を良くするような努力を行うようになってしまう危険性もはらんでいる。

　さらに「時価会計」の導入と共に、国際業務を行う銀行などには、自己資本比率規制(BIS規制)が導入された。こうなるとリスク資産に対して、一定以上の自己資本を持たなければならなくなる。資産評価額が下がるということは、銀行などの自己資本が減少することである。そうなると銀行などは、貸付金の残高の圧縮を行うよ

うになる。そこで中小企業などに対しては、「貸し渋り」や「貸し剥がし」が実施されるようになり、それが原因で倒産した中小企業も多々ある。

　鉄道事業者は、製造業などとは異なり、日銭が入る商売であるため、資金のショートは起こしにくく、倒産しづらい事業ではある。それゆえ金融機関からも、信用度は高い。かつて水間鉄道が会社更生法の適用を申請したことがあったが、これは鉄道事業の不振ではなく、バブル期の不動産投資の失敗からであった。

　ただ鉄道事業者は、設備投資などを実施する必要もあり、銀行から融資を受けなければならない。西武鉄道のような大手民鉄であっても、銀行の融資が難しくなったことも、サーベラスとの関係が生じた一因であるかもしれない。

　2012年（平成24年）10月だけでなく、2013年（平成25年）3月にも、サーベラス・キャピタル・マネジメントは、西武鉄道の親会社である西武ホールディングスに対し、大規模なリストラ案を、株主として提案してきた。

　具体的には、不採算である多摩川線・山口線・国分寺線・多摩湖線・秩父線の5路線の廃止だけでなく、埼玉西武ライオンズの売却、プリンスホテルのサービス料の値上げ、「高輪・品川地区についての将来の開発計画の開示」なども提案してきた。

　この要求に対し、西武ホールディングスが拒否。特にサーベラスが廃止を要求していた西武秩父線の沿線からは、路線の存続を求める声が上がったこともあり、若林久社長（当時）は埼玉県知事や沿線首長に対して、「なんとか路線を守りたい」という意思表示をした。

　これに対してサーベラスは、「路線廃止や球団売却などを強要したことはない」と、2013年（平成25年）3月21日の報道で否定しているが、同年4月下旬を期限とする敵対的TOBへ発展した。

（2）西武グループの対抗策

　西武グループは、サーベラスとは「早期に良い形」で上場を果たすべく、対話をしながら準備を進めていた。

　だが上場準備に具体的に入った段階で、上場までのプロセスについて見解の相違が発生した。そしてある時点からサーベラスは、中・長期的な視点を欠いたと思われる提案をするようになった。西武グループは、西武鉄道だけでなく、グループ会社の伊豆箱根鉄道、近江鉄道だけでなく、プリンスホテルや埼玉西武ライオンズなど、様々なステークホルダーの利益を目指していた。そうなるとサーベラスとは、意見の相違が目立つようになってきた。

　20世紀までの日本の企業は、系列のグループ企業も含め共存共栄の考え方を基本として、会社を経営するのが普通であった。一方の米国では、不採算部門などは、速やかに切り捨てる経営を行っていた。そうなると西武グループとサーベラスの考え方は、相いれない状況になってしまった。

　そうした状況において、西武グループはサーベラスと対話を通した解決策を試みていたが、2013年(平成25年) 3月に、サーベラスから敵対的TOBを仕掛けられた。

　そうなると西武グループと西武鉄道に対しては、様々なステークホルダーの貢献があった。そして中長期的な企業価値の向上を目指し、サーベラスが行ったTOBに対しては、西武鉄道の車両に支援を求める中吊りを掲げるなど、全社を挙げて支援を求めた。

　その結果、沿線の自治体をはじめ、取引金融機関や多くの法人の顧客からも、多大な支援を受けることになり、サーベラスの仕掛けたTOBは不調に終わった。

その後であるが、サーベラスとは和解が成立し、その協力があったことで、2014年(平成26年) 4月に上場を果たすことができた。

　サーベラスは、2017年(平成29年) 8月に、西武ホールディングスの株式を完全売却している。西武ホールディングスは、一時はTOBなどを仕掛けられるなど、サーベラスとの関係が悪化した時もあったが、その後は和解が成立し、株式の再上場が実現したこともあり、サーベラスの長年の支援に対しては、感謝しているという。

（3）筆者が考えるユニバーサルサービス提供の必要性

　地方鉄道や第三セクター鉄道、大手民鉄のローカル線は、独立採算で経営を維持することは、今後はより厳しくなると、筆者は考えている。

　鉄道を含めた交通産業は、規制の強い産業であった。2章の3節で、西武秩父線を建設する際、武州鉄道と免許取得に関して、水面下などで競争があったことを述べたが、鉄道建設には莫大な設備投資が必要であり、かつそれらの費用の多くが、その事業を廃止したとしても、回収が不可能となる「サンクコスト」となってしまう。またその事業を安全かつ安定して供給する能力だけでなく、その鉄道を整備するだけの需要が見込めるか否かまで精査して、鉄道建設が「妥当である」と判断された時、鉄道事業を申請した事業者に対し、「免許」を交付し、自然独占としていた。

　但し自然独占を認めるということは、鉄道事業者がその権利を身勝手に行使されたのでは、利用者に不利益が生じるため、運賃・料金に関しては、「認可制」を採用して、自然独占の権利を身勝手に行使させないように、規制していた。2000年(平成12年) 3月以降は、

鉄道事業法が改正されたことで、鉄道事業への参入は、安全かつ安定して供給が可能な事業者であれば、参入が可能となる「許可制」に規制が緩和されている。そして運賃に関する規制は、「上限価格認可制」に緩和され、料金に関しては「届出制」に緩和されている。

　但し鉄道事業へ参入するとなれば、初期投資が莫大であるため、参入規制が「届出制」に緩和されても、新規にインフラまで建設して、市場へ参入する事業者は、現れていない。

　反対に、不採算路線の休廃止は、「事前届出制」に緩和されてしまったため、2000年(平成12年)３月以降は、不採算路線の廃止が進むようになってしまった。

　かつて国鉄・ＪＲや日本の大手民鉄は、儲かっている路線や部門の利益で、不採算路線や不採算部門の損失を内部補助することで、ユニバーサルサービスを維持してきた。鉄道が市場を独占していた時代であれば、競争が殆ど無いため、黒字路線や部門が多く、そこから生じた利益で、不採算路線や不採算部門の損失を、内部補助が可能であった。内部補助には、「負担の公正性」という面では、問題点がある。黒字路線や部門の利益で、不採算路線や部門の損失を補填して、ユニバーサルサービスを維持することになるから、黒字路線・部門の利用者に負担を強いることになる。黒字路線や部門の利用者は、必ずしも金持ちとは限らず、また自家用車などを利用する人達よりも、金持ちであるとも限らない。むしろ自家用車を利用する人達の方が、金持ちだったりするため、内部補助には「逆進性がある」とも、言えなくもない。

　中条潮は『公共料金2000』で、「不採算路線や部門の維持は、内部補助に依存するのではなく、行政が補助金を投入して維持するべきだ」という旨を述べている。中条潮は、新自由主義を掲げる経済

学者ではあるが、「高額所得者から低額所得者への富の再分配」を、「是」としておられる。それゆえ消費税に関しては、反対の立場となる。消費税は、低額所得者から高額所得者へ富が再分配されるという「逆進性」を有するからである。確かに「逆進性」という問題点があるにも関わらず、内部補助によるユニバーサルサービスの提供が支持されてきたのは、行政にとっては欠損補助を行わなくて済むからである。

　鉄道が自然独占を謳歌していた時代は、黒字路線が多く存在した。そうなれば運賃・料金を若干値上げすれば、ユニバーサルサービスの提供が可能であった。だが、技術革新が進んで自家用車やトラック、そして航空機が普及するようになると、鉄道の自然独占が崩れてしまう。そこへ2000年代に入ると規制緩和が実施され、利益の出る路線や部門も、競争の激化も加わって、かつてのように利益率が良い状態ではなくなる一方、不採算路線の経営状態は、さらに悪化してしまう。

　そうなると内部補助に依存したユニバーサルサービスの提供が実施しづらくなるため、行政が欠損補助を行って、不採算路線を維持する必要性が生じてしまうようになった。

　だが昨今、各自治体も財政難で頭を抱えており、かつ不採算路線などは、過疎化や少子化の進展などもあり、利用者数の減少に対して、歯止めも掛かっていない。

　斎藤峻彦は、『鉄道政策の改革』(成山堂書店、2019年刊)のP135で、「内部補助の許容限度とされる営業係数が200を超える線区(区間)は、JR旅客6社の場合で44％に達するとされる」と述べている。斎藤峻彦は、規制緩和が進展した現状を鑑み、内部補助には否定的である。だが各自治体の財政事情も厳しいため、可能な限りは内部補助を活用し、それが難しい場合は、公的補助を導入するというよ

うに、公的補助を導入する際の基準を明記した点で、画期的であると言える。

　内部補助に依存したユニバーサルサービスの提供も困難であるが、行政が欠損補助を行うことも困難になりつつあるため、今後のローカル線などの在り方が問題となる。

　それに対し、筆者は以下の4つの施策を考えている。

　①　「52席の至福」のような観光列車を導入して、ローカル線の増収を目指す
　②　サポーターを募り、欠損補助の資金を得る
　③　ローカル線・ローカル鉄道に対する評価基準を変える
　④　JR九州などが行う不動産事業などの鉄道事業以外の事業を強化して、鉄道事業の損失を内部補助する原資を生み出す

　ローカル線やローカル鉄道は、過疎化や少子化などにより、利用者の減少に歯止めが掛かっていなかったりするため、生活路線としての基本は維持しつつ、「観光鉄道化」して、外部から観光客を呼び込む方法の模索する必要がある。

　だが観光に特化した鉄道にしてしまうと、地震や台風などによる自然災害で被災した際、風評被害に弱い鉄道になってしまう。それを回避するためには、基本はあくまでも「生活路線」とすることが重要である。

　そうなると①の観光列車を運行することは、その線区や鉄道を活性化させる上で、有効となる。観光列車を運転すれば、運賃・料金以外に、その列車に関連するグッズが売れたり、それに関連するロイヤリティーが、鉄道事業者に入る。つまり運賃・料金以外の収入源の確保が可能となる。

②に関しては、「鉄道事業者任せ」「行政任せ」ではなく、地域住民や有志の方々がサポーターとして出資を行い、ローカル線やローカル鉄道の損失を補填する方法がある。各自治体の財政事情も苦しいとなれば、サポーターを募る必要が生じる。

筆者と下村仁士は、**図4.1**で示すよう、利用者と鉄道事業者の間に、組織横断型のNPOなどが、「交通仲介層」として入り、利用者の要望を聴きつつ、経営効率も追及しながら、より良いサービスの提供を模索して、利用者を増やす試みが重要であると考えている。**図4.1**でいう「ケース２」である。

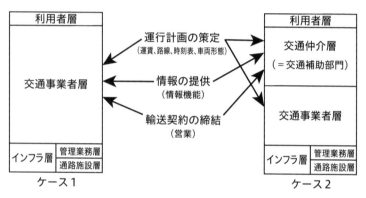

(図4.1) 出典：下村仁士、堀内重人「NPOによる交通事業経営の可能性と課題」『公益事業研究　第56巻No.4〔2005〕』を基に作成。

③は、従来は「採算性」が評価基準であったが、「52席の至福」のような観光グルメ列車を運転することで、「地産地消」という考え方が入る。つまり地元産の食材を、地元の業者が調理して、観光グルメ列車の利用者に提供するため、地域にお金が落ちることになる。またそれにより新たな雇用も創出される。これらは「便益」である。

その鉄道から生じる損失よりも、観光グルメ列車を運転すること

により、地元に生じる便益を比較した場合、後者の方が多ければ、自治体などが欠損補助を行ってでも、鉄道を存続させる動機付けが出来る。

現大阪大学教授の森栗茂一が、「『採算性』は説得、『補助金』は納得」と、日本交通学会関西部会でコメントをされたが、観光グルメ列車を運行することで、地元も欠損補助を行うことに対し、合意が得やすい。

鉄道の廃止を検討している自治体や事業者は、鉄道沿線から離れた地域でアンケート調査を実施して、廃止に向けた合意形成を行う。事実、2008年(平成20年)3月末で廃止された三木鉄道などは、三木市長が三木鉄道の社長でもあり、かつ「三木鉄道の廃止」を公約に掲げて当選したため、三木鉄道の沿線から離れた地域でアンケート調査を実施し、廃止に向けた合意形成を行ってしまった。

グルメ列車で提供する食材は、沿線から離れた畑などから供給され、それらを調製する事業者も、沿線から離れていたりする。ただ鉄道が存在してくれることで、新規の需要や雇用が生み出されるため、それらの人達は、例え自分達が鉄道を利用しなくても、「存続に賛成」と意思表示するようになる。

筆者は、**図4.2**で示すように、食材を提供したり、グルメ列車で提供する料理を提供する人達を、「利用しないが、便益を享受する層」と命名し、下村・筆者案を更に発展させ、「ケース3」として、『「しまかぜ」「青の交響曲」誕生の物語』(アルファベータブックス、2019年刊)で、その旨を述べている。

ローカル線やローカル鉄道の利用者を大幅に増やすことは、少子化や過疎化の進展などもあって難しいが、「利用しないが、便益を享受する層」を大幅に増やすことは、前者と比較すれば簡単である。

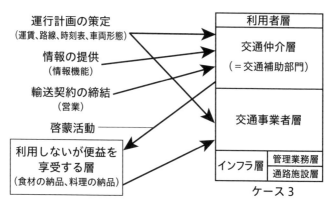

運行計画の策定
（運賃、路線、時刻表、車両形態）

情報の提供
（情報機能）

輸送契約の締結
（営業）

啓蒙活動

利用しないが便益を
享受する層
（食材の納品、料理の納品）

利用者層

交通仲介層
（＝交通補助部門）

交通事業者層

インフラ層　管理業務層
　　　　　　通路施設層

ケース3

（図4.2） 出典：下村仁士、堀内重人「NPOによる交通事業経営の可能性と課題」『公益事業研究　第56巻No.4〔2005〕』を基に作成。

　今後は、鉄道事業の採算性だけを見るのではなく、地域に波及する経済効果も加味して、鉄道の価値を評価する時代になったと言える。

　④に関しては、JR九州は厳しい経営状況にあるにも関わらず、不動産事業やホテル事業など、鉄道事業以外の事業を強化して、鉄道事業の損失を内部補助している。この場合は、異なる事業の利益で鉄道事業の損失を内部補助することになるため、黒字路線の利用者に負荷を掛ける行為にはならない。

　人口減少や過疎化の進展など、鉄道事業者を取り巻く経営環境は厳しさを増すため、不動産・ホテル事業など、他の利益の出る事業を育成することも課題と言える。

(注1) 西武鉄道と、当時の西武不動産販売(2009年〔平成21年〕に西武プロパティーズが事業を承継)の役員 8 名は、総会屋側と利益供与に関わった件に関して、商法違反で逮捕・送検される事態となった。これにより、同年 4 月14日には、当時の西武ライオンズのオーナーで、かつ西武鉄道・コクドの会長を務める堤義明と、西武鉄道の社長であった戸田博之が記者会見を開き、西武鉄道の会長・社長職を引責辞任する旨を発表した。

(注2) 年度内上場はスケジュール的に難しく、コンプライアンス体制を強化した後で、上場を目指すことになる。

(注3) 1955年(昭和30年)10月 1 日に開業した、「赤プリ」の愛称で知られた豪華なホテルである。最終的には、旧館・別館(旧新館)・新館の 3 棟から構成されていた。特に 1983年(昭和58年)に開業した40階建ての新館は、隣接するホテルニューオータニのタワー棟と並んで赤坂見附に聳えていた。バブル時代は、芸能人やスポーツ選手の結婚式の披露宴会場に使用され、トレンディスポットとしても人気を得ただけでなく、クリスマスを高級レストランや高級ホテル、リゾートで過ごすことが流行していた。
旧館は、1930年(昭和 5 年)に完成した旧朝鮮の王家であった李王家邸を改装したクラシックな建物であった。別棟が増築された後は、客室は置かれず、バーやレストラン、結婚式場として利用された。
老朽化による競争力低下などにより、2011年(平成23年) 3 月31日をもって営業を終了した。

(注4) 西武百貨店・西友などの流通部門は、かつてセゾングループが運営していた。セゾングループの中核であったのは、西洋環境開発という不動産・住宅・商業施設・リゾート開発を担う企業であった。これは一代で西武の礎を築いた堤康次郎が1964年(昭和39年)に急死したことで、生前に父から徹底的な帝王学を受け、跡を継いだ堤義明は、異母兄・堤清二に、西武の流通部門を渡したことによる。2001年(平成13年)に、セゾングループは事実上、解散している。

(注5) 経営破綻した㈱十合が、2003年(平成15年) 6 月 1 日からは、西武百貨店と持ち株会社を創設したことから、商号をミレニアムリテイ

リングへ変更した。そして第三者割当増資時に、当時の社長であった和田繁明が、当時西武グループの会長であった堤義明へ打診し、西武鉄道が出資を引き受けている。

(注6) 毎日新聞の記者などに対しては、拳銃の弾や脅迫文が送られる事態に発展したが、2006年（平成18年）12月にサーベラスから和解を申し出て、それが成立した。

第 5 章
「52 席の至福」の運転開始

「52席の至福」を導入した経緯

(1)「52席の至福」とは

　西武秩父線では、「52席の至福」**(写真5.1)** という4000系電車を改造した全席レストランスタイルの観光電車が、運転されている。

　この列車を導入しようとした経緯であるが、「西武鉄道100年アニバーサリー」の集大成と位置付けられたことから始まる。

(写真5.1) 西武鉄道が運行する「52席の至福」の外観。

　このイベントは、2016年(平成28年) 3月21日に、4年間にわたり行なわれた100周年アニバーサリーを盛大に締めくくるイベント「SEIBU 100th Anniversary "SMILE DAY"」が、西武ドームと隣接する西武球場前駅間の広場を使って開催された。

　西武鉄道は、1912年(明治45年) 5月7日に、前身の1つである武蔵野鉄道が設立されたことから始まり、2012年(平成24年)に創立

100周年を迎えた。1915年（大正4年）に武蔵野鉄道として開業した池袋〜飯能間が、2015年（平成27年）に開業100周年となることから、2012年から2015年度までの4年間で、西武鉄道は様々な形で100周年イベントを実施してきていた。「SEIBU 100th Anniversary "SMILE DAY"」が、それらのクロージングイベントであるから、それに合わせて「52席の至福」という全席がレストランスタイルの観光電車を導入したのである。それゆえ「52席の至福」を導入するに際し、西武鉄道の内部から、反対の意見などはなかった。

　2015年（平成27年）6月に開発の着手が発表され、車検切れを迎える4009編成が、改造の対象となった。そして同年12月に愛称やロゴマークなどを含めた概要が、西武鉄道から発表された。

　車両の改造は、総合車両製作所の横浜事業所で実施され、翌2016年（平成28年）3月22日には、「52席の至福」が完成した。つまり開発に着手してから9カ月で、「52席の至福」が完成したのである。その後、試運転や関係者の見学会が行われた。そして4月17日から営業運転を開始した。

　運行開始後は、池袋〜西武秩父間、西武新宿〜西武秩父間で運転されていたが、2016年（平成28年）12月17日に、初めて本川越を出発後に新宿線内を周遊して、同駅に戻る行路と、本川越から西武新宿の片道の行路が催行された。

　「52席の至福」の愛称は、当編成の定員が52人であることに由来している。筆者自身、「52席の至福」に乗車しているが、この52名という定員は、採算性やサービスの質を考えた場合、妥当であると思っている。これより定員が多くなってしまえば、現在のスタッフや設備では、キメの細かいサービスの提供が、難しくなってしまうと感じた。

　ロゴマークのデザインは、アートディレクターの古平正義氏が担

当しているが、愛称の「52」にちなんでトランプの柄に見立てられている。スペードは「水」を、ダイヤは「紅葉」を、クローバーは「緑」と「至福」を表している。そして一番肝心な部分になるのは「ハート」である。ハートは、「乗客とスタッフの気持ちが通う空間と時間に……」という、思いが込められている。

　列車の出発時と到着時には、車内でメロディが流れるが、これは音楽プロデューサーの向谷実氏が手掛けた。外装・内装のデザインは、建築家の隈研吾氏が担当しているため、和のテイストを盛り込みながらも、モダンな感じに仕上がっている。

　オリジナルの4000系電車の乗降用の扉は、1,300㎜の両開き式であり、車両の端に近い部分に2個所設けられているが、夏季および冬季には、西武秩父線内で特急の通過待ち合わせや、対向列車との行き違いが生じるため、列車交換設備や追い越し設備のある駅では、長時間の運転停車が生じる。この場合、車内温度を維持するため、各ドアに開閉用の押しボタンが設けられており、半自動扱いにすることが可能である。

　「52席の至福」へ改造するに当たり、原則として西武秩父線の各駅で、扉の開閉が実施されないため、開閉用の押ボタンを撤去するだけでなく、扉を1か所に減らしている。それでも種車の面影が残っており、車体の外観は大きな変化は無い。車両の改造は、新たに運転台を取り付けたり、車体を大きく変えると、改造コストが嵩むものである。

　オリジナルの4000系電車の窓は、バランサーが付いた下降式で、国鉄の急行型グリーン車のように優雅な外観となっており、1ボックスあたり2連1組の配置となっているが、「52席の至福」へ改造にあたり、固定窓に変更されている。また3号車は、電動車である上、貯水用の水タンクや排水用の水タンクを設けたため、床下

にあった空気コンプレッサーを外して、これを4号車に移す工事を行っている。そこで重量バランスを確保するため、3号車などに鋼板製のバランスウェイトが搭載された。

「52席の至福」への改造費は3億円であるが、改造コストを最も要したのは、3号車のキッチン車である**(写真5.2)**。新たに厨房を設ける必要があっただけでなく、厨房を設けるとなれば、水回りの工事が必要となる上、調理器具などを設置するだけでなく、電気設備などの大幅な改良が必要となる。そのようなこともあり、総工費は3億円も要したという。ただ、もしこれを新造していたならば、10億円以上は要していただろうと、筆者は思っている。

(写真5.2) 3号車は、厨房を備えたキッチン車になっている

「52席の至福」の運行は、午前中に出発する「ブランチコース」では、池袋から西武秩父へ向かうコース、西武新宿から西武秩父へ向かうコース、西武新宿から本川越へ向かうコースがある。西武新宿から西武秩父へ向かうコースの場合、所沢と飯能の2か所で、進行方向の変更が実施される。

夕方頃に出発する「ディナーコース」は、西武秩父から池袋へ向かうコース、西武秩父から西武新宿へ向かうコースが一般的である。それ以外に、池袋を出て池袋へ戻る周遊コースが運行されることもある。

「52席の至福」に乗車する場合、予約は専用のWebサイトから行うしか、方法はない。特急電車や「S-TRAIN」「拝島ライナー」

のように、駅の窓口で申し込むことは出来ない。予約は、旅行日の10日前まで可能で、支払いはクレジットカードによるオンライン決済のみしか、実施していない。現金を口座へ振り込んだり、郵便為替で支払ったり、交通系電子マネーによる決済は、不可能となっている。旅行日の10日前に申し込みを締め切るのは、料理などを用意する関係であるが、直ぐに予約が埋まってしまうという。

「1テーブル」単位で販売するため、1名だけの申し込みは不可となっている。JRの「伊予灘ものがたり」(**写真5.3**)「四国まんなか千年ものがたり」などのように、乗車のみという販売も行っておらず、子供料金の設定も無い。筆者が乗車した2019年(平成31年)3月10日は、子供連れの乗車は皆無であった。

起点から終点まで乗車することになるが、「ブランチコース」の西武秩父行きのみ、芦ヶ久保で停車し駅周辺の道の駅などを散策することが出来る。

運行は、土休日を中心に年間で100日程度、実施される。^(注1)年間

(**写真5.3**)「伊予灘ものがたり」は、JR四国が運行するレストラン列車である。

で100日しか使用せず、池袋・西武新宿～西武秩父を1日に1往復するだけの列車であれば、新車を導入したのでは、投資に要した費用を回収することが難しい。そのため、4000系電車(**写真5.4**)を改造したので良かったと、筆者は思っている。

車両の概要であるが、1号車は多目的車両である(**写真5.5**)。外装のデザインは、春の長瀞の芝桜をイメージしており、この車両は定員外の多目的室である。ここで結婚式を開催したり、ミニコンサートなども開催出来るようになっている。

車内の2号車寄りには、前面の走行風景などを映し出すテレビモニタが設置されただけでなく、車椅子対応のトイレと男性用のトイレが設置された(**写真5.6**)。このトイレは、既存のトイレを撤去して、新たに車椅子対応のトイレと男性用のトイレを設けて

(**写真5.4**)「52席の至福」は、4000系電車を改造してデビューした。

(**写真5.5**) 定員外の1号車は、多目的スペースになっている。

(**写真5.6**) 1号車に設置された車いす対応のトイレ。

185

いる。やはり車内で飲食を伴う列車であることや、バリアフリー法が施行されたため、車椅子対応になっている。トイレは、製造コストが高くなるため、男性用の小便器を設けて対応するのが、採算性やメンテナンスも考えると、望ましいと言える。

　乗務員室の後ろには、家族連れで乗車する人の事も考慮して、「こども用展望ステップ」が設けられた。「52席の至福」では、前面の展望が可能な構造になっている。それと合わせ、車体の妻部にあった換気扇のカバーは、撤去されている。

　2号車は、客室となる車両であり、車内の中央にはダイニングスペースとなっており、通路を挟んで4人用のテーブル席が4卓、2人用のテーブル席が5卓あるから、座席の定員は26名である**(写真5.7)**。外装は、夏の秩父の山の緑をイメージしている。

　その他の部分では、1号車寄りの車端部は、ギャラリーとなっている。2号車の車内へ入るには、3号車寄りに設けられた扉から入ることになるが、少しでも「非日常感」を演出したく、エントランスホールとなっている。乗車時は、係員が赤色の絨毯をプラットホームに敷き**(写真5.8)**、高級ホテルへ入るような演出がなされている。

(写真5.7)
2号車の定員は26名である。

　これはＪＲ東日本の「トランスイート四季島」と同様であり**(写真5.9)**、西武鉄道の「52席の至福」は、ＪＲ東日本の「トランスイート四季島」に、大きな影響を与えたと感じた。

　２号車の車端部は、業務用のスペースと、スーツケースなどの大型の荷物を置くためのスペースとなった。車内の両端には、前面の走行風景などを映し出すテレビモニターが、１台ずつ設置された。

　オリジナルの4000系電車の天井は、ラインデリアを備えた冷房の吹き出し口のある平天井であり**(写真5.10)**、車内照明はカバー付きの蛍光灯が連続して並んでいるが、「52席の至福」では、間接照明に変更されるだけでなく、種車の面影が全く感じられないぐらいに改造されている。

(写真5.8)
「52席の至福」に乗車する際は、乗降口に赤色の絨毯が敷かれる。

(写真5.9)
JR東日本の豪華クルーズトレインである「トランスイート四季島」も、乗降口のある5号車には、赤色の絨毯が敷かれる。

(写真5.10)
オリジナルの4000系電車の天井は、平天井となっている。

(写真5.11)
3号車のキッチン車は、出来上がった料理を見せる部分は、オープン構造になっている。

(写真5.12)「52席の至福」では、ソフトドリンクは無料で提供される。

3号車は、定員外のキッチン車両であり、ここの厨房でブランチコースやディナーコースで提供する料理を、調理している。外装は、秋の秩父連山の紅葉をイメージしている。

料理人の意見も取り入れ、作業しているところは見られたくないため、クローズドキッチンとなったが、乗客からすれば出来上がった料理が並べられているところは見てみたく、オープンキッチンも備えている**(写真5.11)**。キッチンカウンターはMRC・デュポン社製であり、内装は不燃化対策上の必要性から、アルミ材を使用している。

「52席の至福」は、ソフトドリンクは旅行代金に含まれているから、無料で提供されるが**(写真5.12)**、アルコールドリンクは有料である。そこで4号車寄りの車端部には、ドリンク類を

提供するバーカウンターと、業務用のスペースが設けられた。

「52席の至福」では、車内で調理したり、食器類・什器類の洗浄などを行ったりするため、床下には車内で使用する水タンクや、排水タンクを設ける必要がある。そうなると床下のスペースが無くなってしまう。そこで従来は、3号車に備わっていた空気コンプレッサーが、4号車へ移された。

4号車は、2号車と同様に客室となる車両であり、車両の中央部はダイニングスペースとなっており、4人用のテーブル席が4卓、2人用のテーブル席が5卓設けられ、定員は26名である**(写真5.13)**。

外装は、冬の「あしがくぼの氷柱」である。この「あしがくぼの氷柱」は、車窓からも見ることが出来、冬の西武秩父線の名所にもなっている。

運転台寄りに、乗降用の扉が設けられ、2号車と同様に「非日常」を演出するため、エントランスホールとなっている。4号車も2号車と同様に、プラットホームには赤色の絨毯が敷かれ、高級ホテルの雰囲気を演出している。

(写真5.13)
4号車は、天井などの雰囲気は異なるが、基本的な構造は2号車と同じである。

4号車の車端部には、業務用のスペースとスーツケースなどの大型の荷物を置くスペースとなった。4号車は、前面の展望が可能な車両であるから、テレビモニターは3号車寄りに設置されている。これは進行方向とは、逆方向に座った乗客に対する配慮である。

　天井も、2号車と同様に大幅に改造されており、4000系電車に備わっていたラインデリアは、定員が減少する上、全員が着席した状態で旅行するため、撤去された。

　「52席の至福」への改造により、定員だけでなく、自重も変化している。1号車のTc1の定員は0人であるが、自重は34.4tである。2号車のM1は、定員が26人であり、自重が44.1tである。3号車のM2は、定員外のキッチン車両となったことから、定員は0人であるが、空気コンプレッサーを外したことから、自重が43.5tと幾分、軽くなった。4号車のTc2は定員が26人であるが、3号車から空気コンプレッサーが移転したため、自重が34.4tとなった。

（2）何故、4000系電車を改造したのか

　「52席の至福」は、4000系電車を改造して導入されたが、この項では、4000系電車の詳細について説明した後、「何故、4000系電車を改造して導入したのか」という理由を、説明したい。

　4000系電車は、秩父鉄道の秩父本線への直通運転用に設計された車両である。4000系電車が導入されるまでの西武秩父線では、101系電車、701系電車、301系電車などの通勤用電車が使用されていた。101系電車は、当時使用されていた特急用の5000系と同等の性能を有していたし、5000系電車と混結で運転することも可能であった。

　だがこれらの電車は、通勤で使用することが前提であるため、車

内はロングシートである上、乗降を円滑にするため、片側に4つ扉が設けられており、西武秩父線で使用するには、決して望ましいサービス状況ではなかった。

4000系電車は、1988年(昭和63年)11月に、東急車両で第1編成が竣工する。西武鉄道の一般用の電車は、所沢工場で製造されることが、一般的ではある。

だがこの電車は、製造される数が少なかったこともあり、それ以降も全編成が東急車両で製造されている。事実、4000系電車は12編成、48両しか製造されていない。

製造するに当たり、コストを下げるため、廃車になった101系電車の主電動機、主制御器、ブレーキ装置、台車、MG発電機が流用された。

秩父鉄道へ乗り入れることや、主に西武秩父線で使用されることから、冬場の防寒性が要求される上、池袋線の池袋〜飯能間ほどの混雑がないこともあり、乗降用の扉は両開き式の片側2扉となった(写真5.14)。そして座席は、行楽客も利用する上、西武秩父線の混雑は池袋線のように酷くないこともあり、セミクロスシートが採用さ

(写真5.14)
4000系電車は、ラッシュ時も考慮して、両開き式の二扉が導入された。

(写真5.15) 車内は、セミクロスシートとなっている。

れた**(写真5.15)**。

ドア間と妻部がボックスシートであり、戸袋部が2人掛けのロングシートとなっている。ボックスシートのシート幅は、942㎜であるから、1人当たり約470㎜の座席幅があり、JRの特急用の普通車の座席よりも、横幅がゆったりしている。シートピッチは1,640㎜であるから、国鉄・JRの急行型のボックスシートよりも、ゆったりとしているだけでなく、背ずりは1人分に分割されている**(写真5.16)**。

4000系電車は、1988年(昭和63年)12月5日から営業運転を開始したが、4000系電車の編成は、飯能方から池袋方面に向け、クハ4001(Tc1)・モハ4101(M1)・モハ4101(M2)・クハ4001(Tc2)の1編成4両で組成される。Tc1車にはトイレが設けられ、M1車に主制御装置と霜取り用も兼ねてパンタグラフが2基備わっている。これは冬場の西武秩父線は寒く、霜取りをしないと架線が凍って、パ

(写真5.16)
4000系電車のボックスシートは、国鉄・JRの急行型よりもゆったりしていて、グレードが高い。

ンタグラフに電流が流れにくくなるからである。M1車とM2車は、永久連結となっているから、M1車に主制御装置が設けられた。反対にM2車には、MG発電機と空気コンプレッサーを備えている。

「52席の至福」へ改造する際は、Tc1車の和式トイレを撤去して、新たに車椅子対応のバリアフリー型のトイレを設けている。オリジナルの4000系電車では、和式トイレと清涼飲料水の自動販売機、くずもの入れが設置されており、その部分は座席が1ボックス無い。

そしてM2車は、キッチン車となることから、床下に貯水用と排水用の水タンクを備える必要があり、そうなると床下のスペースが無くなってしまう。そこで空気コンプレッサーを、4号車のTc2車へ移している。

4000系電車の車体は、加工しやすいように鋼製であるが、腐食しやすい個所には、ステンレス鋼が採用されている。また屋根や腰板には、腐食しにくい耐候性鋼板(SPA)が用いられている。そして前面は、8両編成で運転する場合にも考慮して貫通型となっている。

西武秩父線の最急勾配が35‰あり、かつ25‰の急勾配が連続することから、制御装置は、発電ブレーキだけでなく、勾配抑速ブレーキも備えている。そして10000系特急電車と同様に、150kWの主電動機を備えており、1つの制御装置で8つの主電動機を制御している。

クーラーは集中方式であるが、マイコン制御により自動運転を行うため、小まめな温度設定が可能となっている(**写真5.17**)。暖房は、西武秩父線は寒冷地であるから、池袋や新宿周辺で使用する2000系電車と比較して、6割程度強化されただけでなく、トイレと乗務員室にも、温風ヒーターが備わっている。また扉には、凍結防止の

(写真5.17)
4000系電車の冷房は、マイコン制御であるから、小まめな温度設定が可能である。

ためドアレールヒーターが備わるなど、寒冷地対策の実施されている。

運転台には、モニタ装置が搭載されている。もし各車の主要機器に異常が発生した場合は、運転台に表示ランプが点灯するため、運転士や車掌は当該号車や異常項目を、確認することができる。その他、自動解結装置が採用されているため、4000系電車の分割併合を実施する際は、運転台に設けられたスイッチ操作で、空気管および電気連結器の施錠・解錠が行える。係員がジャンパー線を繋ぐ必要がないため、要員合理化だけでなく、分割併合時の安全性も向上している。

それでは「52席の至福」を導入するに際し、何故、4000系電車を種車にしたのかと言えば、「52席の至福」の座席定員は52名であり、1両を厨房を備えたキッチン車にするとなれば、4000系電車は4両編成であるから、ダイニングルームとなる車両は、2両必要である。そうなると4000系電車が、定員という視点から考えたとしても、改造する上で望ましい車両となる。

1号車は、「多目的車両」として、平素は遊んでいることが多いが、ここもダイニングカーとしてしまうと、定員が70名を超えてしまう。

西武鉄道とすれば、少しでも定員が多い方が利益率は向上するが、現在「52席の至福」で提供しているようなキメが細かいサービスは、提供出来なかったと考える。

それ以外に、勾配抑速ブレーキを備え、西武秩父線で使用するた

めの寒冷地対策も実施されており、二扉の車両であったため改造しやすかったと言える。

近鉄は、6200系という一般電車を改造して、「青の交響曲（シンフォニー）」**(写真5.18)** という観光特急をデビューさせたが、種車が通勤用の電車であるため、片側に4つ扉があり、その部分の改造で苦労している**(写真5.19)**。

幸いなことに、4000系電車のボックスシートのシートピッチは、1,640㎜もあったことから、ここへテーブルを設置したとしても、

(写真5.18)「青の交響曲（シンフォニー）」は、6200系という一般用の電車を改造して誕生した。

(写真5.19)
4人用のグループ席も、座席をリクライニングさせられないが、2人用のグループ席と同様に、木製の大型テーブルを備える。

ゆったりと座ることが可能である。

　もう一方の扉があった部分は、荷物置き場としてしまえば、問題が生じない。

　西武秩父線は、25‰の急勾配が連続する上、寒冷地でもあることから、勾配抑速ブレーキを備え、暖房も強化されている4000系電車ほど望ましい車両はなかったと言える。

　幸いなことに、4009という編成が車検に入る時期でもあった。それらの要素が重なって、「52席の至福」が誕生したと言える。

（3）「52席の至福」のダイヤ

　「52席の至福」のダイヤであるが、ブランチコースは、池袋を10：53・西武新宿を10：47に発車して、西武秩父には、13：58に到着する。

　ディナーコースは、西武秩父を17：42に発車して、池袋が20：04で、西武新宿は20：02に到着する。

　ブランチコースの所要時間が約3時間で、ディナーコースが約2時間30分である。特急電車は、池袋～西武秩父間の所要時間は、1時間20分であるため、「52席の至福」では所要時間を要してしまうが、特に速達性が要求される列車ではないため、少々遅くても問題は余り生じないことは確かである。

　筆者は、2019年(平成31年)3月10日にブランチコースで乗車しているが、「52席の至福」の西武秩父への到着後が、気になっていた。筆者個人としては、西武秩父まで30分程度、所要時間を短縮すると同時に、西武秩父から池袋・西武新宿へは、「アフタヌーンティー」、池袋・西武新宿から「ディナーコース」、西武秩父から池袋・西武新宿まで、「パブタイム」として営業すれば、2往復設定

出来て、増収になると考えた。

　そのためその旨を、西武鉄道に対して質問をしている。

　西武鉄道の回答は、「通常、ブランチの営業が終了した後は、池袋へは回送せずに、横瀬で待機しています。これは池袋へ回送するには、各準備時間などの都合で通常の営業は、難しいと考えているからです。料理の提供時間や、各精算時間およびトイレ休憩などを加味し、現在の時間で運行しています。また『52席の至福』は、臨時列車(正式名称は不定期電列車)のため、定期列車のダイヤの合間を縫って、スジを引いています。さらに西武秩父線は、ほぼ単線区間のため、駅で対向列車の交換待ちが必要となり、どうしても所要時間を要してしまいます。また『52席の至福』は、このような時間を有効活用し、途中、芦ヶ久保駅に約45分ほど停車しています。この時間を使って、近くの道の駅に行かれ、お買い物などをされるお客様もいます」とのことであった。

　「52席の至福」で提供される料理は、外部で調製された料理を車内へ積み込んで、乗客に提供していない。車内で、シェフが調理を行い、乗客に提供するため、車内の後片付けだけでなく、車内で調理する時間も必要ではある。

　ただ「アフタヌーンティー」コースや「パブタイム」コースを設定したとしても、デザートやおつまみが中心になるため、あまり準備に時間を要しないようにも感じた。

　ブランチコースで営業している時は、池袋線の列車密度が高いため、池袋〜飯能間では数回待避線に入って、後続の特急だけでなく、急行などにも抜かれるダイヤであった。飯能から西武秩父間は単線になることから、対向列車に道を譲りながら進まざるを得なくなる。

　「52席の至福」は、土日などに運転される臨時列車であるため、

定期列車の合間を縫ったダイヤにならざるを得ない。

　もし毎日運転される定期列車であれば、池袋〜飯能間は先行の急行などと並行ダイヤにはなるだろう。飯能から先は、「52席の至福」は速達性が要求される列車ではない上、定員も52名であるから、対向列車を優先したダイヤになると考えられる。

　上手く行けば、2往復の「52席の至福」が設定できるが、「パブタイム」として、池袋や西武新宿へ折り返す列車は、西武秩父駅の発車が20:30頃になるため、回送に近い乗車率になる可能性も否定できないかもしれない。

2　「52席の至福」導入による効果

（1）主な顧客

　「52席の至福」であるが、ブランチコースでも大人1人当たり1万円もする。これがディナーコースになれば、大人1人当たり1万5,000円に跳ね上がる。

　かつて寝台特急「北斗星」(**写真5.20**)「トワイライトエクスプレ

(写真5.20)
上野〜札幌間を結んでいた寝台特急「北斗星」。

ス」(写真5.21)「カシオペア」(写真5.22)が運転されていた時、1万2,000円や8,000円もするフレンチのフルコースのディナーを食べる鉄道ファンが多数いたが(写真5.23〜写真5.26)、この人達は寝台特急に乗車することが主目的であり、かつ寝台特急に乗車した話題

(写真5.21)
大阪〜札幌間を結んでいた豪華寝台特急「トワイライトエクスプレス」。

(写真5.22)
上野〜札幌間に運転された全寝台が二人用A個室からなる「カシオペア」。

①（写真5.23）「北斗星」「カシオペア」のディナーのオードブル。
②（写真5.24）「北斗星」「カシオペア」のディナーの魚料理。
③（写真5.25）「北斗星」「カシオペア」のディナーの肉料理。
④（写真5.26）「北斗星」「カシオペア」のディナーのデザート。

として、豪華なフレンチのディナーを食べていた。

　「52席の至福」は、西武鉄道の1日乗車券も加味した価格で販売されるが、寝台特急ほど、鉄道ファンを引き付ける魅力を持たない。寝台特急の場合、1人で乗車しても、食堂車でフルコースのディナーを食べることが可能であるが、「52席の至福」をはじめとするグルメ列車に乗車するには、最低でも2名からになることが多い。そうなると参加代金だけでなく、パートナーを見つけることが課題となってしまう。

　筆者は、幸いにも「52席の至福」に乗車したいというパート

ナーに恵まれたため、乗車が可能になった。それゆえパートナーの方には、感謝している。

いすみ鉄道では、キハ28やキハ52を使用したレストラン列車が運転されている。これらの列車で使用するキハ28やキハ52が、車両点検で一般型車両で運転されたことがあった。

そこで当時、いすみ鉄道の社長であった鳥塚亮氏に、筆者は「乗客から苦情は来ませんでしたか」と、質問をしたことがあった。

鳥塚氏は、「最初は、苦情やキャンセルが来ることを覚悟していたが、そのようなことは殆どなく、レストラン列車を運転する場合、車両は殆ど影響が無いと結論付けました。イタリアンのフルコースを提供する列車は、大人が1万円以上もするため、鉄道ファンは参加しづらいですね。鉄道ファンは、車内でカレーを提供する『キハカレー』でしょう」とのことであった。

では鉄道ファンが利用しないとなれば、「誰が利用するのか」と言えば、熟年夫婦や中高年の女性の友達同士が中心であり、若い人が利用している場合も、若年夫婦や恋人同士がデートの場所として、利用している。

利用者も、女性の方が多かったぐらいである。これは別の見方をすれば、今まであまり鉄道に関心を示してくれなかった層を、開拓したとも言える。このような人達が、「52席の至福」に興味を持ち、乗車してもらって満足して頂けたのであれば、リピーターになる可能性が高い。また他の友人を誘って参加したりするため、相乗効果が期待出来るようになる。「52席の至福」には、数字以上の効果があると言える。

それ以外に西武鉄道では、「52席の至福」が誕生したことで、「西武鉄道×秩父エリア 環境活動・地域貢献活動プロジェクト」を実施している。この活動は、秩父エリアの環境活動・地域貢献活動

であるが、各種企業の協賛金を得て、運営されている。企業の一例を挙げると、三菱重工、ＪＡＬ、富士フイルム、メガネスーパー、アルソック、コカ・コーラ、サントリー、アサヒ飲料、ヤクルト、グリコなどがある。かつてヤクルトとは、日本シリーズで日本一を争っていたこともあるだけに、興味深い。

　これらの活動は、親子で「52席の至福」へ体験乗車する形で実施され、親子で田植えを体験したり、野菜や果物の収穫を行うなど、自然を通じた体験学習的な要素が強い。「52席の至福」への乗車は池袋からの往路だけであり、車内では朝食を提供することから、車内で食事をするというよりも、「52席の至福」に乗車してもらって、秩父の魅力発見と環境学習が主目的である。西武秩父駅で解散になることから、復路の運賃は旅行代金には含まれておらず、西武鉄道とすれば、「52席の至福」を用いた環境学習を企画することで、復路にも自社を利用してもらえる利点があると言える。

　参加者の８割以上が、この企画に満足しており、再度、このような企画があれば「応募したい」としている。

　このような企画を実施することで、子供達にも「52席の至福」の存在を知ってもらうことが出来、将来的には「52席の至福」のリピーターになる可能性があると言える。

（２）地産地消

　「52席の至福」では、車内で提供される料理の食材は勿論であるが、車内の内装材にも「地産地消」という考え方が、徹底している。

　「52席の至福」の場合は、渓谷などの自然がモチーフとされたことから、内装に沿線の伝統工芸品や地元産の木材が使用されてい

る。1号車以外の床には、特注の住之江織物のタイルカーペットが使用されたり、2・4号車の車内とデッキの仕切りには、秩父銘仙が使用されるなど、内装の調度品には高級な材料や素材が使用されている。

2号車は、埼玉県産の柿渋和紙を貼ったアーチ状の天井となった。そして照明には、LEDを用いた間接照明となった。鉄道車両の内装材として使用することから、和紙には特殊な不燃処理が施されている。テーブルは、4号車と共通ではあるが、ローマタイルジャパン社製の物が採用された。

4号車の天井は、埼玉県飯能市、入間郡毛呂山町、越生町から産出されている杉や檜を貼ったルーバ状となった。車内で木材を使用することから、2号車で使用する和紙と同様に、不燃化の処理が施されている。天井以外の仕様は、ほぼ2号車と同じであると言える。

西武鉄道としては、単なる移動手段ではない、特別な体験を提供する、新しい時代の列車を造りたかった。そこで外装や内装は、建築家の隈健吾氏に依頼し、厳しい燃焼試験にクリアした柿渋和紙や西川材という地元産の杉を使用して、繊細な内装に仕上げることを心掛けたという。

車内で提供される料理は、フレンチやイタリアンなどの洋食のフルコースであるが、2020年(令和2年)7月〜9月のブランチコースでは、洋皿を用いて和食が提供されていた。有名店や有名シェフが監修した料理が、季節替わりで提供されるが、価格はディナーコースの方が高くなる。「ブランチコース」は、オードブル(写真5.27)、魚料理(写真5.28)、パン(写真5.29)、肉料理(写真5.30)、「よこぜのおいしい紅茶」(写真5.31)、デザート(写真5.32)でコースが終わるが、「ディナーコース」は前菜の皿が3つ続いて出て来た後、肉料

（写真5.27）
「52席の至福」のオードブル。

（写真5.28）
「52席の至福」の魚料理。

（写真5.29）
「52席の至福」のパン。

（写真5.30）
「52席の至福」の肉料理。

（写真5.31）
「52席の至福」の「よこぜのおいしい紅茶」。

（写真5.32）
「52席の至福」のデザート。

理、デザートでコースが終わる。

「ブランチコース」は、昼間に運転されるから、景色を見ながら食事を行う形で乗車が出来るが、「ディナーコース」の場合は、車窓からの眺めが期待出来ない分、車内でバイオリンなどの生演奏が行われるという。そうなると、それらも経費として嵩んでしまうことになる。また「ブランチコース」の肉料理は、豚肉か鶏肉が使用されるが、「ディナーコース」では牛肉になるから、材料代も上がってしまう。

筆者は、2019年(平成31年) 3月10日に「ブランチコース」を利用しているが、**表5.1**で示すような料理が提供され、見事に「地産地消」が実現していた。

表5.1　「52席の至福」で提供されたブランチのコースメニュー

種類	料理名
前菜	秩父の野菜畑　シーザーサラダのイメージで
パスタ	川越戸田農園のほうれん草とツブ貝のスープ
メイン	小江戸黒豚バラ肉とハーブ香るポルペッティ
デザート	レアチーズムースと2種のジェノワーズショコラ
ドリンク	よこぜのおいしい紅茶

出典：「52席の至福」で配布されたメニューを基に作成。

前菜は、米国でよく食べられているシーザーサラダであったが、埼玉県産の野菜が使用されていた。パスタには、同じく埼玉県川越産のほうれん草が使用されており、これをミキサーでペースト状のスープにして、ツブ貝と和えていた。

肉料理は、埼玉県産の黒豚のバラ肉を使ったソテーであり、豚肉の脂に甘みがあり、豚肉という素材を活かした料理を楽しめた。日本人には、「牛肉」と「豚肉」を比較すれば、牛肉の方が価格が高

いこともあり、提供されると喜ばれる傾向にある。

だが筆者は豚肉の方が、料理人の個性が発揮しやすい食材であるため、「面白い」と思っている。

牛肉は、火の通し方が難しく、直ぐに硬くなる性質があるため、フレンチやイタリアンでは、メインはステーキかローストビーフ、シチューやポトフ程度になってしまう。また牛肉と相性の良い食材も限定されるため、メインのメニューもパターン化してしまう。

その点で言えば、豚肉であれば野菜や果物など、他の食材とも相性が良い上、豚肉は原則として生では食べられない食材であるから、火を通して加工することになる。そうなると様々なパターンの料理が生まれるため、料理人の個性が発揮しやすくなる。筆者は、それを見たいし、楽しみにしている。

前菜の後にパンが提供されるが、このパンは西武秩父駅から徒歩で5分の場所にある「くろうさぎ」というパン屋(**写真5.33**)が、「52席の至福」のために、特別に焼き上げたパンが提供されている。ちぎる際には、非常に弾力があるが、口の中に入れると、唾液で溶けるような触感が魅力のパンであり、筆者も久々に美味いパンが食べられて、非常に満足したのである。

デザートには苺が使用されていた。苺は、5〜6月頃が旬である

(写真5.33)
「52席の至福」のパンを提供するくろうさぎ。西武秩父駅から徒歩で5分の場所に位置する

から、時期的には少し早いと言えるが、これから旬を迎える果物であるため、季節も加味されていると感じた。

デザートが終わると、食後のドリンクが提供されるが、西武秩父駅の1つ手前にある「横瀬」で栽培された茶葉を使用した「よこぜのおいしい紅茶」である。

お茶というのは、内陸の山地で、朝晩の寒暖差が大きい場所が、栽培に適している。静岡県はお茶の産地であるが、栽培されている場所は、内陸の山地である。それ以外に京都府の宇治や奈良県の大和高原などが、茶所として有名ではあるが、これらの地域も内陸部の山地である。

日本では、「緑茶」として飲むことが一般的であるが、中国では「烏龍茶」、インドでは「紅茶」として飲む。緑茶は、茶葉を蒸して製造するが、「烏龍茶」は茶葉を半分蒸して、半分は発酵させて製造する。紅茶は、茶葉を発酵して製造する。

横瀬の農家が、「52席の至福」の運転を開始したことに伴い、西武鉄道に協力して紅茶の製造を開始したか否かまでは分からないが、「よこぜのおいしい紅茶」が好評であれば、全国展開すれば良いだろう。クルーの方から、紅茶を薦めていたこともあり、味は良いと言える。

もし紅茶だけでは満足出来ず、コーヒーも欲しい場合は、クルーの方に言えばサービスしてもらえる。

結果的に、「ブランチコース」の価格が、大人1人当たり10,000円に対し、「ディナーコース」の場合は、大人1名当たり15,000円になる。この価格には、アルコール類は含まれておらず、別料金になる。こちらも「イチローズ・モルト『52席の至福』」というプライベートブランドのウイスキーが誕生しており、ここでしか飲めないウイスキーである。

地酒では、「秩父錦 生貯蔵吟醸酒」や「武甲正宗 本醸造」が用意されるだけでなく、秩父産の赤・白ワインや秩父の梅酒も用意されている。

　フレンチやイタリアンに、赤・白のワインが合うことは当然であるが、最近ではフレンチやイタリアンとも相性の良い日本酒も、このようなレストランでは提供されたりする。西武鉄道もソムリエの意見も聴きながら、フレンチやイタリアンと相性の良い日本酒も、用意していると感じた。

　コース料理は、若手のシェフが監修を行い、かつ車内で調理・盛り付けをしているため、素材を活かしたあっさりとした味に仕上げられており、味・サービス共に満足する内容であった。

　「52席の至福」だけでは、利益率が低かったとしても、地元産の地酒やワインなどを販売することで、利益率を向上させている。また乗客のほぼ全員が、西武秩父線を全線乗車することになるため、西武秩父線の旅客輸送密度の向上に貢献する。さらに地元産の食材を使用して、車内で調理を行い、かつ地元産の地酒やワインなどを提供するため、「地産地消」を実現している。西武秩父線が存続し、「52席の至福」が運転されることで、沿線にも便益が目に見える形で享受出来ることになる。

　かつてサーベラスが、「西武秩父線は、不採算だから不要」と言って、廃止を要求したことがあったが、「52席の至福」が誕生したことで、平素は鉄道を利用しなくても、この列車が存在することで、便益を享受する人が誕生したため、今まで以上に西武秩父線の必要性が、認識されるようになると感じている。

　事実、「52席の至福」の運転に伴い、西武秩父駅周辺の施設を無料にしたり、割引を実施するなど、「52席の至福」を利用して秩父へ来た人を、少しでも周辺の施設へ誘致する動きが見られるように

なった。

(注1)「52席の至福」は、車内で食事をすることが目的の列車ではあるが、2016年(平成28年) 5月14日など、食事の提供は実施されない運行もある。「環境活動・地域貢献活動プロジェクト」が始動され、食事を提供しない団体臨時列車として、池袋線・西武秩父線で運転される。

(注2)2017年(平成29年) 1月25日には、ブライダルサロン「メゾン・ド・マリアージュ」とコラボレーションを行い、当編成を貸し切って結婚式が実施されている。

第6章

新型特急「Laview」の導入

（1）新型特急の概要

　西武鉄道では、1969年(昭和44年)10月14日に、西武秩父線が開通したことに伴い、5000系電車を導入して、池袋～西武秩父間で初の有料特急の運転を開始した。5000系電車は、全車冷暖房完備で、複層ガラスの固定窓が採用された高アコモな車両であり、当時の生活水準を超えていた。西武鉄道では、初の冷房車であると同時に、それ以降の西武鉄道の電車では、冷房の集中式が主流となる。

　"レッドアロー"の愛称が付けられ、翌年には鉄道友の会から「ブルーリボン賞」を受賞するなど、人気が高かった。

　デビューした当初は、座席は回転式のクロスシートであったが、日本人の生活水準の向上や、他の輸送機関のサービス水準の向上もあり、昭和50年代には座席を簡易式のリクライニングシートに交換した。その後は、フリーストップ式のリクライニングシートに交換されているが、新造から25年近く経過すると、車内の陳腐化が顕著になった。

　そこで1993年(平成5年)12月6日からは、10000系"ニューレッドアロー"を投入して、更なるサービスの向上を目指すことになった。10000系"ニューレッドアロー"は、5000系"レッドアロー"の930mmのシートピッチが、1,070mmに拡大されるなど、居住性の改善は見られたが、正面のスタイルは西鉄の特急のような感じであった。それも影響したのか、初代の"レッドアロー"である5000系電車ほど、人気が出なかった。

　10000系電車がデビューした1993年(平成5年)は、未だVVVF制御の黎明期であった。特急電車を製造するとなれば、車両故障な

どのトラブルは、自社のイメージダウンに繋がるために具合が悪い。そこで信頼性を加味して、性能面で安定していた抵抗制御方式が採用された。そしてコスト削減の目的から、電装品や台車なども5000系電車や西武の101系電車からの発生品が再利用された。

つまり10000系電車の人気がイマイチであった理由として、メカニズム的に目新しいものはなく、外観も平凡になっており、5000系電車の台車などを再活用するなど、コスト削減も行われた車両であったことも影響する。

もし国鉄・ＪＲの205系・211系電車のように、界磁添加励磁制御方式で電力回生ブレーキが採用されていたならば、印象が変わっていたかもしれない。

2000年代になれば、他社の特急電車は、ＪＲ・民鉄を問わずVVVF制御が主流になっていた。10000系電車も、最後の増備車である12編成に関しては、VVVF制御が採用され、走行音も静かになっていた。

だがそれ以外の10000系電車は、抵抗制御である上、直流直巻式のモーターであるから、走行音が煩かった。特に6号車などのように、車内に点検蓋がある車両では、それが顕著であった。そうなるとVVVF制御の最後の増備車と比較すれば、それ以前に製造された10000系電車は、見劣りするようになっていた。そこで10000系電車がデビューして25年を迎えるに当たり、新車へ置き換えることになった。

その電車は、001系という形式であり、「Laview」という名称が付けられた。頭文字の「L」は、贅沢(Luxury)なリビング(Living)のような空間を意味している。「A」は、矢(Arrow)のような速達性であり、「View」は大きな窓から移りゆく眺望を意味する。「Laview」の特徴や車両の性能は、**表6.1**に示した。

表6.1 「Laview」の特徴と車両性能

項目	詳細
最高速度	105km /h、設計上は120km /h
起動加速度	3.3km /h/s
減速度（常用）	3.5km /h/s
減速度（非常時）	4.5km /h/s
編成定員	422人
編成重量	283.2t
車体	アルミ合金
主電動機出力	170kw
歯数比	87:14（6.21）
制御方式	VVVFインバーター制御

出典：西武鉄道提供資料を基に作成。

　外観の特徴であるが、30000系電車と同様に、アルミを用いたダブルスキン構造である。アルミは、軽量化が可能な反面、車体強度が弱いという欠点があったが、ダブルスキン構造とすることで、その欠点を克服している。

　構造は、段ボールの断面のような感じになっている。そして1編成当たりの重量が283.2tであるから、1両当たりの重量は35.8tと、特急電車にしては軽量化が図られている。これが近鉄の「しまかぜ」であれば、1両当たり電動車であれば50t近くもあるから、「Laview」が如何に軽量化されているかが分かる。

　先頭車であるが、今までの西武鉄道の特急電車とは異なり、前面に丸みを帯びた三次元の曲面ガラスが採用された(**写真6.1**)。車体色が銀色であり、非常に大きな窓が特徴である(**写真6.2**)。

　10000系電車から、前照灯が2つに減少しているが、「Laview」でも2つのままであり、西武鉄道がいうように、「5000系電車は、

(**写真6.1**) 「Laview」の正面は、三次元の曲面ガラスが特徴である。

デザイン上、４つ設けた」という回答には、納得がいく。西武秩父線は、降雪が多い場所ではないため、前照灯が２つに減少したとしても、運転上の支障は無いと言える。

　表6.1から言えることとして、「Laview」は特急電車ではあるが、高速性よりも加減速性能を重視して設計されていることである。加速度3.3㎞/h/sや常用の減速度3.5㎞/h/sは、一般用電車の30000系電車と同等の性能であり、池袋線の過密ダイヤの中を、通勤電車などのスジを痛めることなく、運転することが要求されていると言える。

　歯数比6.21は、ＪＲで言えば完全に通勤用電車の領域であり、特急とは言え、高加

(**写真6.2**) 「Laview」の窓は、非常に大きい。

減速性能が求められていると言える。それでも主電動機の出力を170kwに増強し、設計上の最高速度を120km/hに設定していることから、将来的にスピードアップの必要が生じた際に、対応が可能なように設計されていると言える。

　西武秩父線には、25‰の急勾配が連続するが、001系「Laview」には、勾配抑速ブレーキは備わっていない。だが「定速」という機能が備わっており、これを作動させることで、25‰の下り勾配であっても、一定の速度を維持しながら下ることが可能である。

　「Laview」では、バリアフリーや情報化など、時代に対応した設備を導入している。バリアフリーとしては、1号車には車椅子対応のトイレだけでなく、車椅子の人が利用するスペースを2席分確保するなど(**写真6.3**)、バリアフリー対応になっている。車椅子対応のトイレには、フットボードも設けられているため(**写真6.4**)、女性が靴下を履き替えたりする際にも便利である。これは女性の方から、「特急電車のトイレは使いたくない」という苦情を基に、導入された。

　この点に関しても、近鉄の「しまかぜ」では、女性にも利用してもらいたく、トイレや洗面所に対しては、気配りがなされている。

(写真6.3) 1号車には、車椅子のスペースが確保されている。

(写真6.4) トイレには、着替えに便利なようにフットボードが備わっている。

（写真6.5）デッキには、急病人が出た時のことも考え、AEDが設置されている。

（写真6.6）5号車には、パウダールームも設けられている。

（写真6.7）
女性客にも気持ち良く乗車してもらうために、「しまかぜ」にはパウダールームも備わっている。

また急病人が発生した際にも、応急処置が採れるように、AEDもデッキに備わっている（写真6.5）。

情報化時代に対応しては、全車がFree-Wi-Fiに対応している。また各座席には、コンセントが備わっており、車内でスマホを見たり、ワンセグで音楽を聴くことも可能である。さらに女性にも利用してもらいたく、5号車にはパウダールームが設けられており（写真6.6）、大型の鏡だけでなく、ハンドドライヤーも備わっている。

このパウダールームは、近鉄の観光特急「しまかぜ」にも導入されているが（写真6.7）、「しまかぜ」にはヘアードライヤーまでは、

備わっていない。「Laview」の場合、デザイナーが女性であることに加え、「女性にも乗車して欲しい」という、西武鉄道の強い思いが感じられる。

　出入口から車内に入ると、デッキには人工大理石が敷きつめられており、乗車した時からリゾート気分が満喫できる(**写真6.8**)。但し人工大理石を敷き詰めた際、隙間がどうしても出来てしまう。隙間には、汚れが溜まりやすく、清掃には時間を要するようになった。

　そして客室に入ると、床全面に絨毯が敷き詰められている(**写真6.9**)。絨毯を敷いたことで、リゾートホテルのような雰囲気を醸し出すだけでなく、防音性も向上している。座席は、シートピッチは10000系電車と同等の1,070㎜を維持している。ヘッドレストが大きいソファー型となっており(**写真6.10**)、長身の人でも頭まですっぽりと包み込んでくれる座り心地が、実現している。

　但し10000系電車に設けられていたバータイプのフットレストは、廃止されているが、池袋〜西武秩父間の所要時間は、１時間20分程度であるから、特に問題が無いよ

(**写真6.8**) デッキには、人工大理石が敷き詰められている。

(**写真6.9**) 客室の床は、全面的に絨毯敷きになっている。

(写真6.10) 座席は、ヘッドレストが大きく、長身の人も楽に座れる。

(写真6.11) 「Laview」は、応接間のソファーのような感じに仕上がっている。

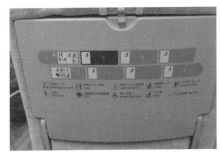

(写真6.12) 座席の背面には、大型のテーブルが備わり、車内で仕事をすることも可能である。

うに感じた。

車外から座席を眺めると、応接間のような雰囲気がする**(写真6.11)**。モケットは、西武鉄道のイメージにちなんで黄色であるが、落ち着いた仕上がりになっている。またデッキの壁なども、黄色になっている。座席の配色に関しては、ビジネスで入間や飯能へ行く人や、帰宅客であっても、抵抗がないように感じた。

座席の背面には、大型のテーブルが備わっているため、パソコンを置くことも可能であり、車内で仕事をすることができる**(写真6.12)**。また秩父は、家族連れなどが観光で出掛ける場所でもあることから、座席を向い合わせにして使用した時であっても、食事をする際のことも考慮して、肘掛けの中にインアーム式のテーブルも備わる。このテーブルは、丸い小型の

（**写真6.13**）家族やグループで使用することも考慮して、肘掛け内蔵のテーブルも備わるが、くぼみは浅い。

（**写真6.14**）「Laview」の窓は非常に大きく、窓の下端は座席の肘掛けよりも低い位置にある。

テーブルであり、缶ジュースなどを置いた時も考慮して「くぼみ」も設けられているが、背面テーブルと比較して浅いように感じた（**写真6.13**）。ジュースなどを置くためのドリンクホルダーも、座席の背面には備わっている。

「Laview」の最大の特徴は、非常に大きな窓である。2列に1つの割合で設けられているが、窓は上下方向に拡大されており、そのお陰で車内は非常に明るく、開放的な気分になれる。特に窓の下端が、座席の肘掛けよりも下に位置するため、戸外に居るような気分になる（**写真6.14**）。

乗り心地であるが、「Laview」にはフルアクティブサスペンションが導入されていないため、揺れなどに関しては、10000系"ニューレッドアロー"と大差が無かったが、VVVF制御が導入されたこともあり、車内の静寂性では10000系"ニューレッドアロー"と比較して静かな車内となっている。

新型特急「Laview」に乗車して、週末に家族で出掛ける秩父が、従来よりも楽しくなるだけでなく、飯能や所沢へのビジネスや用務で出掛ける乗客にとっても、静かな車内で快適な旅が可能になった

といえる。

（2）どのようにして反対派を説得したのか

　10000系電車はデビューから25年しか経過しておらず、メカニズム的には旧態依然とした点はあったにせよ、まだまだ使用できる状態にあった。そのような状態で、西武鉄道が新車を導入するとなれば、反対意見もあるのが普通である。そこで筆者は「どのように反対派を説得されたのか」と、西武鉄道へ質問している。

　西武鉄道は、「反対意見は無く、前向きな意見の方が多かった」という。新型の特急電車に置き換えることで、1編成7両から1編成8両になる。そうなると座席数が増え、増収だけでなく、多客期には座席が採りやすくなるなど、サービスが向上することになる。西武鉄道では、攻めの経営を模索したといえる。

　次に筆者は、非常に大きな窓を採用しているが、アルミは車体強度が弱いという特徴があることが気になっていた。多分、アルミの厚さを増して対応したと考えた。そうなると鉄製の車体と重さは変わらなくなるが、それでも何故、アルミ車体を採用しようとしたのか気になり、その旨を質問している。

　西武鉄道の回答は、「今回、採用したアルミダブルスキン構体は、シングルスキン構体(ステンレス・アルミ)に比べ、構造体としての圧縮強度が高く、車端荷重負荷時の破壊強度に優れています。また軽いにもかかわらず、『変形がはるかに少ない』というメリットがあります」とのことであった。

　上記で述べた「安全性」のほか、以下のような要素も鑑みられた。

① 　車内が静かになったことによる快適性

② 車体の軽量化による走行エネルギーの削減

③ 環境に配慮して、リサイクルが可能な構造とする

④ 高精度な加工により、ひずみの少ない美観

　最後に筆者は、「その他、御社が新型特急を導入する上で、力を入れた点などございますか」と質問している。

　西武鉄道からは、「新型車両の制作にあたり車両部だけではなく、さまざまな部署からメンバーを集めたプロジェクトチームを結成し、車両の制作に当たりました。また外部デザイナーとして、建築家の妹島和世氏を起用しました。そのことが外観だけでなく、内装に関しても、今までに見たことのない車両が実現出来ました。結果的に、企業イメージの更なる向上が実現しました」という回答を得た。

　「Laview」は2020年(令和2年)6月に「ブルーリボン賞」を受賞した。ブルーリボン賞の受賞を記念して、同年10月25日に特別列車の運行と受賞式を開催した。特別列車内では、ゲストを迎えて車内放送によるトークショーを実施した。そして受賞式の会場では、受賞セレモニー以外に記念パネルが展示された。

　西武鉄道の受賞は、1970年(昭和45年)に受賞した初代の特急車両である「5000系レッドアロー」以来、50年ぶりで2度目の受賞である。

(3)「Laview」の改善して欲しい点

　新型特急「Laview」は、今までに無い非常に斬新な車体デザインと、明るく開放的で大きな窓を備えており、見るからに「乗車してみたい」という気分を掻き立てる特急電車ではある。

そして乗車してみると、10000系電車と比較して走行音が静かになっただけでなく、座席もソファーのような感じになり、かつ背ずりが高いため、長身の人であっても、頭まで完全に包み込まれるなど、座り心地が向上している。さらに床一面が絨毯敷きになったため、高級感が漂う車内となり、デッキも人工大理石のタイル張りになったため、リゾート気分も演出された特急電車と言える。その結果、2020年(令和2年)6月には、鉄道友の会から「ブルーリボン賞」を受賞している。

それでは、不満が全く無いのかと言えば、残念ながら以下に挙げる3点がある。

① 車内に清涼飲料水の自動販売機が無い
② インアーム式のテーブルは、くぼみが浅く、ジュース類が置けない
③ 窓は非常に大きくなり、明るく開放的な車内になったが、窓と窓との間の間口が広くなったため、進行方向に向かって前寄りの座席に座ると、横方向の眺望があまり良くない。

「Laview」の乗車時間は、池袋から西武秩父まで乗車したとしても、1時間20分程度であるため、車内販売が乗務しなくても、特に不便だとは思わないが、せめて清涼飲料水の自販機ぐらいは、あっても良いように感じた。

②に関しては、スマートフォンなどを置くために設けられたとは聞いているが、向かい合わせにして座席を使用することもあるため、くぼみがもう少し深い方が、ジュースなどが置きやすいと感じた。

③に関しては、窓を天地方向へ最大限拡大したことや、アルミ合

(写真6.15)
「Laview」は、間口が広くなってしまったため、窓の前寄りの座席に座った人の眺望は、良いとは言えない。

金製の車体であることから、間口が広くなってしまい、**写真6.15**のように、横方向の眺望に難がある座席が発生してしまった。これは車体強度の関係から、改善することは難しいように感じた。

その他として、出入り口に引き戸を採用したため、**写真6.16**のように引き戸を収納するための戸袋が必要となり、デッキにデッドスペースが生じたように感じた。

筆者は、もしプラグ式の扉が採用されていたならば、もう少しデッキ部を狭くして、その分だけ座席を設けて、定員を増やすことも可能であったように感じていた。

これに対する西武鉄道からの回答は、「車椅子やベビーカーの利用者にも配慮して設計したため、デッキ部が広くなりました」とのことであった。

(写真6.16)「Laview」の乗降口の扉には、引き戸が採用された。

「Laview」に限らず、西武鉄道では特急券などを購入する際、クレジットカードで決済が出来ないため、これはJRや他の民鉄と同様に、クレジットカードでの決済を可能として欲しいと思う。

2 西武鉄道の観光戦略

（1）飯能周辺

　飯能市周辺の新しい観光の目玉となるのが、2018年(平成30年)11月にムーミンをテーマとしたテーマパーク「メッツァ」の開園である。

　かつて鳥塚亮氏が、いすみ鉄道の社長を務めていた時に、沿線を「ムーミン谷」と見立て、「ムーミン列車」を運転したことがあったが、本当に「ムーミン」をテーマにしたテーマパークが開園したのである。これは「ムーミン」の本国であるフィンランド以外では、世界初になるという。

　正確には、「メッツァ」は2つのエリアに分かれている。1つ目が、2018年(平成30年)11月9日に開園した「メッツァビレッジ」である。ここは、北欧のライフスタイルが体験できるショッピングモールからなる。

　2つ目が、2019年(平成31年)3月16日に開園した「ムーミンバレーパーク」である。ここでは、ムーミンの世界を体験できる。

　「ムーミンバレーパーク」が開園したことで、「メッツァ」が全面開園を迎えた。丁度この日に、西武鉄道は新型特急「Laview」をデビューさせている。現在のところ、西武鉄道は「ムーミンバレーパーク」の入場券と西武の特急電車をセットにした企画乗車券類は、未だ販売していないが、今後は実施する可能性が考えられる。

　「なぜ埼玉県飯能市に決定したのか」と思った方も多いかもしれないが、当初は東京都立川市など都市部で、小規模なテーマパークを検討していたという。そして2015年(平成27年)頃の開園を目指していたが、立川市などでは森や湖が無い。やはり「ムーミン」を

テーマとするならば、「森や湖が無いとムーミンらしさが出ない」となった。その候補地を探していると、飯能市の宮沢湖周辺で西武鉄道が土地を所有しており、その土地を事業主体のフィンテックグローバルが、取得することになった。[注1]

2015年(平成27年)6月30日に、フィンテックグローバルが飯能市に「ムーミン」のテーマパークとして、「Metsä(メッツァ)」を、2017年(平成29年)春に開園する旨を発表した。

フィンテックグローバルは、「メッツァ(metsä)」を開園するに当たり、西武鉄道より6億円で土地を取得している。「メッツァ(metsä)」の経営には、西武鉄道は関与していないが、土地を売買するなどしているため、今後は「メッツァ(metsä)」の経営に関して、フィンテックグローバルと西武鉄道の関係が、強化されることが予想される。

「メッツァ(metsä)」は、フィンランド語で"森"という意味であり、宮沢湖の周辺の約18万7,000㎡の用地に、「メッツァビレッジ」と「ムーミンバレーパーク」の両方が、展開されている。この敷地面積を、東京ドームに換算すれば4つ分に相当する。

(写真6.17) 「湖」というよりは、「溜池」のイメージである。

筆者は、「メッツァ」を訪問しているが、湖というよりは溜池というイメージであり**(写真6.17)**、森林も北欧風のイメージではなく、杉やヒノキなどが中心であり、日本の森林というイメージではあった。

「メッツァ(metsä)」に

（写真6.18）「ムーミンゾーン」は有料となる。

は、有料の「ムーミンゾーン（「ムーミンバレーパーク」）」（写真6.18）と無料の「パブリックゾーン」（写真6.19）が、設けられている。「ムーミンバレーパーク」には、野外ステージやムーミンに関する資料館などがある。

　野外ステージでは（写真6.20）、決まった時刻になると、ムーミンのショーが開催されて

（写真6.19）
「メッツァ」には、無料のパブリックゾーンも設けられている。

（写真6.20）
野外ステージでは、「ムーミンショー」が開催される。

(写真6.21)
「ムーミンバレーパーク」は、ムーミンのテーマパークである。

いる。このショーの見学や、ムーミンに関する資料館への入場に関しては、別途に料金が必要なく、「ムーミンバレーパーク」の入場料だけで、見物や入場が可能である。

開園時期は、発表時は2017年(平成29年)春であった。だがパブリックゾーンである「メッツァビレッジ」が先行開園したのが、2018年(平成30年)11月9日である。そして「ムーミンバレーパーク」**(写真6.21)**が開園したのが、2019年(平成31年)3月16日であり、全体で2年程度遅れてしまった。

正式な施設の名称は、テーマパークとパブリックゾーンを含めた「メッツァ」であるが、マスメディアや飯能駅の副駅名標など、案内には「ムーミンバレーパーク」の名称が使用されることが多い。

事実、西武鉄道の飯能駅からは西武バス・国際興業の路線バスで約15分を要するが、バス停の名称は「メッツァ」となっている。「メッツァ」という名称は一般的ではないが、飯能はどちらかと言えば、ビジネスや用務客の利用が中心であったが、西武鉄道とすれば「メッツァ」が開園したことで、今後は観光客の輸送も期待できるようになる。また西武バスは、西武鉄道グループである。全国的に見て、路線バスの利用者数は、1968年(昭和43年)頃をピークに、減少傾向に歯止めが掛かっていない状況が続いている。西武バスにとっては、大きな需要が見込めるテーマパークが開園したことにな

る。

　それ以外に、2020年(令和2年)7月を目途に、隣接する所沢市に「ところざわサクラタウン」が開業する見込みである。これはKADOKAWAおよび角川文化振興財団の文化商業複合施設である。当施設は、アニメや漫画などの日本のサブカルチャー(クールジャパン)を発信する施設となるが、所沢市は飯能市と同じ埼玉県西部に所在する。この2つのポップカルチャー施設を中心に、埼玉県西部を活性化させようとする動きがあり、この動きは西武鉄道にとって重要な動きと言える。

　所沢市には、メットライフドームという埼玉西武ライオンズの本拠地や、西武園ゆうえんちなどもあり、従来の箱根だけでなく、今後の西武グループにとっては、埼玉県東部は重要な観光戦略の地域と言える。

（2）秩父周辺

　秩父周辺の観光地と言えば、「長瀞」の存在が重要となる。「瀞」というのは、川の流れの遅い部分であり、反対に速い部分は「瀬」という。川の流れが遅い部分が長く続くことから「長瀞」と言われるようになったが、長瀞には「長瀞渓谷」をはじめとする数々の観光名所を有している。それゆえ、「秩父の赤壁」「関東の耶馬渓[注2]」という別名を持っている。

　長瀞渓谷であるが、荒川上流部の渓谷であり、埼玉県立長瀞玉淀自然公園内に所在する。

　長瀞渓谷は、全長6kmを有しており、1924年(大正13年)12月9日に「長瀞」名義で、国の名勝および天然記念物に指定されている。その中でも、「岩畳」と呼ばれる三波川変成帯と呼ばれる変成

岩帯が、地表に露出している所が有名である。

その他として、渓谷美を活かして、ラフティングやライン下り、カヤックが盛んに行われている。

筆者個人とすれば、長瀞には氷室があるため、そこで天然に生成した氷を使用したかき氷が魅力的である。天然の氷を使用したかき氷は、冷蔵庫で大量に製造される氷とは異なり、自然の中でゆっくりと水を凍らせて生成されるため、時間が掛かることから、大量生産されない。それゆえ価格面でも割高になるが、ゆっくりと自然な状態で凍らせて製造しているため、食べても眉間に痛みが生じることがない。天然の氷を使用したかき氷は、長瀞の名物の1つと言える。

秩父を家族連れで楽しむとなれば、「ジオパーク秩父」という博物館がある(写真6.22)。正式名称は、「埼玉県立自然の博物館」である。ここは、西武秩父駅から秩父鉄道を利用して、上長瀞駅から徒歩で5分の場所に位置する。

ここの前身は、㈱秩父鉄道が設立した秩父鉱物植物標本陳列所である。90年以上にわたる日本有数の長い歴史を持つ登録博物館であり、現在でも開館した当時の流れを汲んで、「埼玉の自然とその

(写真6.22)
「埼玉県立自然の博物館」は、季節を問わず、家族連れでも楽しめる。

生い立ち」をテーマにしている。そして2016年(平成28年)3月には、所蔵する化石9件が、国の天然記念物に指定されており、化石に興味がある人にとっては、見ごたえのある博物館であると言える。

この博物館の1階は、オリエンテーションホール、ディ

スカバリーコーナー、地学展示ホール、生物展示ホールの常設展示がある。常設展示では、当館目玉の巨大ザメ「カルカロドン・メガロドン」や、謎の海獣「パレオパラドキシア」、埼玉の森を再現した大ジオラマなど、埼玉の自然に関する様々な資料が、展示されている。筆者が興味を持ったのは、太古の昔は、秩父付近が海であったということである(写真6.23)。それゆえ鮫などの海の生物の化石が、現在でも発掘されることが理解出来た。

(写真6.23)
太古の昔は、秩父地方は海であった。

　2階には、動物の剥製が展示されている企画展示室(写真6.24)とパネル展示がある。企画展示室に展示されている剥製も、数か月ごとに入れ替えられる。少しでも多くの人に訪問してもらいたく、企画展とパネル展示は、1〜3箇月で入れ替えられる。企画展示は、「動物」「植物」「地質」分野が交代で実施され、その時々のテーマにそった展示を行っている。また2階のセミナー教室では、定期的に研究発表会が開催され、入館者であれば、事前申し込みなどが無くても、無料で聴講が可能である。

(写真6.24) 展示室には、様々な動物の剥製が展示されている。

　秩父地域では、NPO団体が主催するガイドツアー、学校における体験学習、自治会や公民館での講座など、ジオパークに関する住民の活動が盛んである。秩父地域の新たな魅力発信と地域活性化を

目指し、各団体や各行政機関、観光関係団体で組織された「秩父ま
るごとジオパーク推進協議会」が中心となり、地域全体でジオパー
ク活動を推進している。

3 筆者の考える活性化策

（1）秩父鉄道との提携

　西武秩父線を活性化させるには、秩父鉄道との連携が不可欠であ
る秩父鉄道は、**図6.1**で示すように、埼玉県北部を三峰口〜羽生間
71.7㎞を東西に横断する秩父本線と、武川〜熊谷貨物ターミナル
駅間の7.6㎞を結ぶ貨物専用線である三ヶ尻線の、２路線を運営し
ている。全線が直流1,500Vで電化されており、全線で信号が自動
化されるなど、地方鉄道の中では近代化された鉄道である。

　秩父鉄道は、鉄道事業以外に不動産や観光事業、生命保険代理店
事業なども行っている。観光事業に関しては、長瀞渓谷や宝登山が
ある長瀞を拠点としており、「長瀞ラインくだり」は秩父鉄道の直

（図6.1）秩父鉄道・路線図（出典：ウィキメディア・コモンズ（Wikimedia Commons））

営の事業であり、大正時代からの歴史を有する。これは長瀞の観光の名物となり、すっかり定着している。

　秩父鉄道は、2019年(令和元年)で創立120年を迎えたが、かつてはバス事業やロープウェイ事業を展開するだけでなく、秩父自然科学博物館(ジオパーク秩父)も経営するなど、事業の多角化を行っていた。

　乗合バスや貸切バス事業は、1936年(昭和11年)4月に㈱寄居自動車を買収して運営することになったが、慢性的な赤字経営であった。

　わが国では、2000年(平成12年)2月に貸切バス事業が、2002年(平成14年)2月に路線バス事業が規制緩和されているが、秩父鉄道では1996年(平成8年)11月12日に、バス事業を秩父鉄道観光バスに分社している。つまりバス事業が規制緩和される以前に、バス事業を分社化して経営合理化が図られていたと言える。

　三峰ロープウェイの運営は、1939年(昭和14年)5月から開始したが、2007年(平成19年)11月末で施設の老朽化を理由に、索道事業を廃止している。(注3)

　秩父鉄道は、西武鉄道と線路が繋がっているため、西武鉄道の子会社というイメージがあるが、筆頭株主は太平洋セメントである。同社の前身は秩父セメントであり、その時代から武甲山からは石灰石が産出されるため、それを運ぶ貨物輸送が盛んである。

　そんな秩父鉄道ではあるが、かつては「西武秩父線が開業すれば自社の旅客輸送を奪われる」という危機感を持っていた。

　だが西武鉄道で西武秩父まで来た乗客を、長瀞や三峰口まで輸送することで、新たな顧客となることが分かった。長瀞は、渓谷で有名であるが、三峰口には三峯神社がある。それ故、秩父鉄道にとっても、西武秩父線の存在は大きいと言える。

　秩父鉄道とくれば忘れてはならないのが、熊谷〜三峰口間で運転

されるＳＬパレオエクスプレスが挙げられる。ＳＬパレオエクスプレスは、C58が牽引する臨時列車であり、1988年(昭和63年) 3月より運行している。

　秩父鉄道がＳＬを運行するようになった経緯は、1988年(昭和63年) 3月19日から同年の5月29日まで、熊谷市で開催された「さいたま博」が契機である。それが開催されるとなれば、その盛り上がりを秩父鉄道にも波及させたくなる。そうなると「ＳＬの運行を」という声が、社内から上がったことに起因する。

　だが秩父鉄道は、ＳＬを所有していないだけでなく、それを運転したり、整備する人材もいなかった。

　幸いなことにＳＬに関しては、当時の北足立郡吹上町(現：鴻巣市)立吹上小学校には、C58 363**(写真6.25)**が静態保存されていた。また機関車の保存状態が良かったため、当時の国鉄は1987年(昭和62年) 3月6日に車籍を復活させた。そして同年の3月26日には、正式にC58 363が国鉄に所属になるが、同年の4月1日に国鉄が分

(写真6.25) 秩父鉄道のSL列車は、C58が牽引する。

割民営化されたことから、JR東日本高崎運転所の所属となる。そうなれば、この機関車をリースする方法がある。

　客車に関しても、JR東日本が所有していたスハ43系客車を使用することになった。そして1988年(昭和63年)3月15日からは、土日を中心に「パレオエクスプレス」として運転を開始した。

　SLパレオエクスプレスに乗車するには、普通乗車券の他に530円の「SL整理券」が必要となる。運行開始から全車自由席で運行していたが、利用者から「座席指定席が欲しい」という要望を受け、2005年(平成17年)から座席指定車が登場した。座席指定車に乗車するには、「SL座席指定券」が必要である。

　運転を開始した時は、スハ43系客車が使用されていたが、老朽化が進んでいるだけでなく、非冷房であったため、サービス上からの望ましくなかった。

　そこで2000年(平成12年)にJR東日本から急行型客車である12系客車を購入して、スハ43系客車を置き換えた。

　12系客車(写真6.26)に置き換わると、冷暖房完備になって、夏場であっても快適な旅行が可能となった。さらにシートピッチも、スハ43系客車よりも10cm以上も広くなり、かつ空気ばね台車であ

(写真6.26)
12系客車は、万国博覧会の観客輸送などの波動輸送の質的向上を目的に製造された急行型客車であり、新製時から冷暖房完備であった。

るから、線路規格の低い秩父鉄道では、大幅に乗り心地が向上した。

21世紀に入ってからは、マスコットキャラクターが登場するなど、人気を定着させる創意工夫が見られるようになる。これは秩父鉄道に限らず、日本各地で「地域おこし」の一環として、「ゆるキャラ」が登場するようになったことにもよる。

2012年(平成24年)は、運行から25周年を迎える記念すべき年になったことから、C58 363の大規模な点検を実施すると共に、12系客車の外観をダークグリーンから赤茶色に塗り替え、車内をレトロ調に改造するリニューアルを実施した。但しかつて「SLやまぐち」で実施したような大掛かりな改造ではなく、座席のモケットや壁を張り替えたりする、小規模な改造ではある。

2019年(平成31年)3月16日のダイヤ改正からは、西武鉄道は新型特急001系「Laview」を導入した。新型の近未来的な特急電車と、SLのレトロ調客車という全く異なった組み合わせも、新たな旅の魅力になるように感じている。

秩父鉄道は、少子高齢化や沿線の過疎化などの問題にも直面しており、SLの運行だけに依存するのではなく、閑散期などに限定されるが、車内への自転車の積み込みを可能となるようにしている。これは駅に降り立っても、路線バスなどの廃止が進み、そこから目的地までの輸送手段が無いため、少しでも利用者を取り込みたい戦略である(写真6.27)。

(写真6.27) 秩父鉄道では、少しでも利用者を増やしたく、自転車の持ち込みを認めている。

　また2019年(令和元年)は、秩父鉄道の創立120年となる記念すべき年であった。

　西武秩父線の活性化には、秩父鉄道が不可欠であり、今後も秩父鉄道と提携して、旅行商品を開発するだけでなく、秩父地方の人を東京方面への誘客も、両者にとって不可欠な戦略だと考える。

（2）秩父夜祭

　秩父は、一年を通じて観光客が訪問する魅力を備えている。春は、長瀞の芝桜が有名であり、夏は秩父山系のハイキングが楽しめる。春に桜が有名であるということは、秋は紅葉が見ごろとなる。

　冬の秩父と言えば、「秩父夜祭」が全国的に有名であり、ユネスコ無形文化遺産に登録されている。2016年(平成28年)12月1日に、エチオピアで開かれたユネスコの政府間委員会で、日本の「山・鉾・屋台行事」の中で、18府県の計33件が、登録された。

　「秩父夜祭」は、秩父市にある秩父神社の例祭であり、毎年12月1日から6日に掛けて行われる。祭は、江戸時代の寛文年間から続いており、300年以上の歴史がある。12月2日が宵宮であり、12月3日に大祭が実施される。宵宮や大祭では、提灯で飾り付けられた山車(笠鉾・屋台)の曳き回しだけでなく、花火大会も実施される。

　一般的に花火と言えば、夏の風物詩であるが、「秩父夜祭」で実施される花火大会は、全国的に知られている。

　「秩父夜祭」は、日本屈指の極めて豪華な祭である。それゆえ一連の行事が、国の重要無形民俗文化財に指定されている。そして京都の祇園祭、飛騨の高山祭と並んで、日本三大美祭および日本三大曳山祭の1つに数えられる。

　大祭が行われる12月3日は、午後6時半頃になると、秩父神社

から1kmほど離れた御旅所に向けて御神幸行列が出発する。そして6台の笠鉾・屋台が、それに続いて出発する。御旅所にある「団子坂」という急な坂では、最大20tの笠鉾・屋台が、多くの曳き手によって曳き上げられる。この頃が祭の最高潮であると言える。

秩父夜祭は、文化的・歴史的に価値の高い祭であると言える。笠鉾・屋台が重要有形民俗文化財に指定され、一連の行事自体が重要無形民俗文化財に指定されている。このような事例は、日本全国には5例しかない。

冬場は、寒い上に日が短くなることもあり、観光には適さない季節ではあるが、毎年12月1日〜12月6日の「秩父夜祭」が開催されることは、西武鉄道にとっては、貴重なかき入れ時である。

12月上旬というのは、本来であれば、一年で一番、人が動かない季節である。ただ「12月」という枠で見れば、年末に人が動いたりするから、統計上では2月が人数的に最も少なくなる。

12月上旬であれば、紅葉も終わっている上、スキーに行くには未だ時期的に早い。また年末年始が控えているため、出費を減らそうとする。12/1 〜 12/6の間であれば、未だ冬のボーナスも支給されていなかったりする。

300年以上の伝統がある祭という要素もあるが、1週間近く祭が続くことも、12月上旬という閑散期には、貴重な需要である。夕方の6時頃から、夜祭が始まるということは、池袋を15:30 〜 16:00頃に発車する特急電車の需要が増えることを意味する。

平素は、この時間帯であれば、観光へ行くには遅く、用務客が中心となってしまう。そのような時間帯に需要が増えるだけでなく、夜9時以降に東京へ帰宅する人がいるため、その時間帯の特急電車の利用者も増えるという利点がある。

西武鉄道では、「秩父夜祭」の期間中は、臨時の特急電車を増発

するだけでなく、それ以外に臨時列車を設定して、「秩父夜祭」の観光客を輸送している。

（3）夜祭以外の冬場の活性化策

　秩父の冬は底冷えはするが、雪は多く降らないため、スキーをするには適さない。

　「秩父夜祭」以外の冬場の観光となると、2項で述べた「ジオパーク秩父」がある。ここであれば館内は、暖房が効いていることもあり、外が少々寒くても、観光客を誘致することは可能である。年に3回程度、展示物を変えるなど、リピーターを確保するように工夫しているため、化石などが好きな人には、見飽きることはないだろう。

　それ以外に、秩父地区ならではの冬の名物と言えば、芦ヶ久保や大滝の氷柱が挙げられる。芦ヶ久保の氷柱は、1月〜3月上旬に掛けて、車窓からも見ることが出来ることから、車内に居ながらにして冬の秩父を堪能することが出来る。芦ヶ久保の氷柱は、西武秩父線の名所にもなっている。大滝の氷柱も人気が高く、これを見るために秩父を訪問する人も居ると聞く。

　観光となれば、熟年夫婦や中高年の女性グループの取り込みも大事であるが、若い人の取り込みも大事である。幸いなことに秩父は、アニメの舞台になっているため、昨今では「聖地巡礼」が行われている。秩父は、『あの日見た花の名前を僕達はまだ知らない』『心が叫びたがってるんだ。』『空の青さを知る人よ』と、3つのアニメ作品の舞台になっている。

　『あの日見た花の名前を僕達はまだ知らない』では、西武鉄道は秩父市と共に、2010年(平成22年)秋から観光PRの協議を進めた。

電車の中吊り広告や沿線のポスター、秩父市の街に旗を立てるなど、一斉に展開できるように準備を整えた。

西武鉄道や秩父市だけでなく、秩父鉄道も本作に対して協力的である。このアニメでは、西武鉄道の4000系電車や飯能駅・西武秩父駅などが登場する。また放送開始後は、同駅構内だけでなく、電車の中吊り広告でも番組宣伝ポスターが掲示されている。

2011年(平成23年) 9月に開催されたイベントでは、西武鉄道がイベントの実施に協力しただけでなく、記念乗車券なども発売している。

(写真6.28) 旧豊郷小学校は、アニメ『けいおん』の舞台になった。

(写真6.29) 旧豊郷小学校では、『けいおん』のイベントが開催されたりする。

これら3つのアニメは、主人公が高校生であったりするため、若い人に人気が高い。『けいおん』のように、旧豊郷小学校(**写真6.28**)を舞台に定期的にイベント(**写真6.29**)が開催されたりすることはないが、アニメで登場する神社・仏閣を巡る若者がいるという。

この聖地巡礼は冬場でも可能であり、『けいおん』の聖地である滋賀県の豊郷では、冬場に雪が降っても、全国から大勢の人が訪問

する。最寄りは、近江鉄道の豊郷駅である。近江鉄道は経営状態が苦しく、滋賀県がインフラを保有し、近江鉄道が列車の運行を担う形で、「上下分離経営」が模索されているが、3〜4カ月に1度の割合でイベントが開催されるため、近江鉄道にとっては、貴重な増収源になっている。

　アニメの聖地は、鉄道の駅から離れた場所に立地していることが多いため、西武秩父駅からの路線バスを充実させる必要がある。

　3つのアニメの舞台に秩父が選ばれたということは、アニメファン向けに池袋や西武新宿から団体臨時列車を設定して、対応することも出来る。

　アニメファンは、意外と鉄道ファンであったりする。『けいおん』のイベントに参加する人の中には、各種鉄道のグッズなどを持っている人が多い。

　001系「Laview」導入により、10000系電車が余剰になりつつあるが、筆者はまだまだ使用が可能であると考えており、この電車を活用して、秩父のアニメの「聖地巡礼ツアー」を企画する方法を、模索しても良いと考える。

（4）西武鉄道が力を入れたい分野

　西武鉄道は人口が多い首都圏という恵まれたエリアで運行している上、数年前までは沿線の人口は増加傾向にあったが、近年は少子高齢化やモータリゼーションの進展による中心市街地の空洞化などの問題も抱えている。

　これはセゾングループに該当するが、西武百貨店や西友(現:ウォルマート系列)なども、消費不振の影響も受けており、閉店する店舗も出て来ている。特に西友は、西武鉄道の駅の周辺にあるため、西

友の閉店は街の衰退にも繋がり、それが西武鉄道の利用者の減少に
もつながってしまう。そのため筆者は、今後の西武鉄道や西武グ
ループが、「どの分野に力を入れて行くのだろうか」と気になって
いた。

　西武鉄道は、「埼玉エリアでは、すでに人口減少が始まっており、
沿線全体でも2025年（令和7年）をピークに沿線人口が減少すること
が見込まれています。また従来の主なターゲットであった生産年齢
人口と言われる就学から退職するまでの年齢の乗客は、今後減少す
ることが予想されています。そうなると今後は、子供、シニア、訪
日外国人含め広いターゲット層へ訴求し、パラダイムシフトへの対
応が課題となっています。弊社では、各ターゲットへの施策を推進
しています」とのことであった。

　そう考えると「52席の至福」は、熟年夫婦や中高年の女性グ
ループなどに人気があるため、新たな顧客を開拓したと言える。ま
た2019年（平成31年）3月のダイヤ改正でデビューした「Laview」
は、女性客を取り込みたく、パウダールームを設けるだけでなく、
バリアフリー化などを推進して、様々な客層のニーズを掴もうとし
ている。

　それ以外として、ホームドア設置による「安全・安心の提供」、
ダイヤ改正や駅舎リニューアルなどによる「お客さま満足度の向
上」はもちろんのこと、西武グループ全体として、ESG投資に対
する世間の関心の高まりから、SDGsを意識した「サステナビリ
ティアクション」やAI・IOTの発展に伴い、「デジタル経営（DX）」
を推進しているという。

　これらの各施策においては、西武鉄道内の取組みに限らず、西武
グループの内外との連携を強化したいとしている。

　具体例を挙げると、**表6.2**となる。

表6.2 西武鉄道・西武グループの取り組みの一覧

対象・分野	施設・施策
子供	認可型保育園Nicotの展開
シニア層	沿線各所でウォーキング・ハイキングを実施
訪日外国人	観光案内所である「SEIBU Tourist Information Center」の開設、企画乗車券の設定、Facebookで情報発信
サステナビリティアクション	としまえん、西武園ゆうえんちなどで、使い捨てプラスチック製のストローを廃止、プリンスホテルの購入ロットの見直し、食べ残し防止ポスター掲出などによる啓発、料理のスモールポーション化などによる食品ロスの削減、食品廃棄物の乾燥による減量および肥料への再利用
デジタル経営	㈱ヤフーと共同でビッグデータとAIを活用した実証実験

出典：『Seibu Holdings 10Th Anniversary Book』などを基に作成。

西武鉄道は子供向け施策として、沿線に認可型保育園Nicotを展開しており、2019年(令和元年)11月時点で計10カ所が開園している。

シニア向け施策としては、沿線各所でウォーキング・ハイキングを継続して実施している。西武秩父線沿線は、春の桜だけでなく、夏は木漏れ日や川のせせらぎが魅力的であり、秋は紅葉が楽しめる。西武秩父線が開業するまでは、吾野への観光・行楽列車も運転していたため、今後もこの分野は充実させる必要があると感じている。

訪日外国人向け施策としては、訪日外国人向け観光案内所である「SEIBU Tourist Information Center」を、池袋駅と西武新宿駅に開設している。訪日外国人を秩父方面へ誘致する必要もあるため、西武秩父駅や飯能駅にも、こういった観光案内所を開設する必要がある。また今後、東京でオリンピック・パラリンピックが開催され

ることから、窓口でクレジットカードによる決済が可能とする必要がある。西武鉄道で、特急券などを購入する場合、「Suica」などの交通系電子マネーによる決済は可能であるがクレジットカードは対応できない。ＪＲや他の大手民鉄ではクレジットカードによる決済が可能であるにも関わらず、西武鉄道では対応が遅れている。

その他として、ムーミンバレーパークへ訪日外国人観光客を誘致したく、ムーミンバレーパークの入園券と西武鉄道　１日フリー乗車券(多摩川線を除く)、飯能駅・東飯能駅からムーミンバレーパークまでの往復バス乗車券の３点がセットになった、訪日外国人向け企画乗車券「MOOMINVALLEY　PARK Ticket & Travel Pass」発売している。さらに訪日外国人向けFacebookによる情報発信を行うなど、訪日外国人の需要を取り込む意欲を示している。

サスティナビリティアクション(注5)関連施策として、沿線レジャー施設である、としまえん、西武園ゆうえんちなどで、使い捨てプラスチック製のストローを廃止するなど、環境に配慮した営業施策を展開するようにしている。

デジタル経営(DX)関連施策として、㈱ヤフーと共同でビッグデータとAIを活用した鉄道の混雑予測を発信する実証実験を、2019年(令和元年)８月19日〜９月20日に掛けて、実施している。

このように西武鉄道は、将来的には鉄道事業の利用者の増加が頭打ちになることが予想されるが、それに対して従来の通勤・通学・通院だけでなく、インバウンドの需要を取り込んだり、子供やシニア世代を取り込むことで、新たな活路を見出そうとしている。

インバウンドに関しては、台湾鐵路管理局(台湾国鉄)やマレー鉄道(写真6.30)と姉妹鉄道関係を結んでいる。また「環境」「情報化」という時代の流れに対応して、企業のイメージアップや情報を通したサービス向上を模索するなど、西武グループとも連携して、新た

な活路を模索しようとしている。

　西武鉄道や西武グループの益々の発展に期待したいと思う。

(写真6.30)
西武鉄道では、国内需要が
減少することを鑑み、マ
レー鉄道や台湾国鉄と姉妹
鉄道の提携を結び、外国か
らの誘客を模索している。

(注1) ㈱フィンテックグローバルは、東京都品川区に本社を置き、スト
　　　　ラクチャードファイナンスに特化した投資銀行業を営む会社であ
　　　　り、2005年(平成17年)に東証マザーズに上場している。

(注2) 大分県中津市にある山国川の上・中流域およびその支流域を中心
　　　　とした渓谷である。
　　　　日本三大奇勝として知られ、日本新三景に選定され、名勝に指定さ
　　　　れている。耶馬渓は、耶馬日田英彦山国定公園に含まれている。

(注3) 秩父鉄道が運営していた三峰ロープウェイと同タイプのロープ
　　　　ウェイは、株式の99.5%を所有する宝登興業㈱が、現在も宝登山
　　　　で宝登山ロープウェイを運営している。

(注4) 釘を1本も使わずに組み立てられているだけでなく、金色の飾り
　　　　具や極彩色の彫刻、後幕の金糸の刺繍で装飾された笠鉾・屋台は、
　　　　「動く陽明門」と言われる程、豪華絢爛である。それゆえ国の重要
　　　　有形民俗文化財に指定されている。

(注5) SDGｓ（17の国際目標）を、「安全」、「環境」、「社会」、「会社文化」
という４領域を、12項目に分けて西武グループ独自のアジェンダ
として設定する。そのアジェンダに基づき、さまざまな取り組みを
積極的かつ体系的に行うことで、持続的な成長を目指していくとし
ている。

おわりに

　本著を執筆する動機は、2019年(令和元年)6月にアルファベータブックスから上梓した『「しまかぜ」「青の交響曲」誕生の物語』が、お陰様で重版されることになり、アルファベータブックス社長の春日俊一氏から「他の民鉄の特急電車などは、如何ですか」というオファーを頂いたことからでした。

　その頃は丁度、西武鉄道の新型特急「Laview」が3月にデビューしたばかりの時期であったが、「Laview」の紹介だけであれば、他の出版社からも同様の著書が出ているため、「『行楽客輸送』という視点も加味して、5000系電車から始まる有料特急の歴史や、『52席の至福』、メットライフドームへの観客輸送などの視点も加えた著書を書きたいと思いますが、如何でしょうか」と、回答しました。すると春日氏から、「そのような著書であれば、他社からはまだ出ていないので、よろしくお願いします」という回答を頂き、執筆することになりました。

　西武鉄道と言えば、筆者以上の世代の方々であれば、「箱根山の観光開発」がどうしても頭に浮かびますが、実は、戦後直ぐの時期から多摩湖付近に「西武園ゆうえんち」だけでなく、「ユネスコ村」を開園させ、1979年(昭和54年)からは、西武ライオンズ(現:埼玉西武ライオンズ)の本拠地となる球場を開設するなど、多摩湖から所沢周辺の観光開発を実施しています。そして2019年(平成31年)4月に「ムーミンバレーパーク」が飯能に開業することを知っていたため、「箱根山の観光開発から、多摩湖・所沢・飯能周辺へ」という感じで、観光開発の拠点が変化している旨を紹介したいと思っていました。

かつて阪急、近鉄、南海はプロ野球チームを持っていて、西宮球場、藤井寺球場、大阪球場への観客輸送を行っていましたが、「球団経営が赤字である」という理由で、球団を手放してしまっています。

　だが西武鉄道は、現在もメットライフドームへの観客輸送を行っており、少子高齢化、人口減少、クルマ社会の到来による中心市街地の空洞化などで、鉄道利用者が減少する中では、阪神電鉄と共に球団の存在は貴重な収入源になっています。また優勝すれば、記念乗車券などを販売して、運賃・料金収入以外の収入源も確保出来ています。

　「埼玉県所沢市」という、決して都会とは言えない場所にメットライフドームはありますが、「埼玉西武ライオンズ」という形で、埼玉県に密着した球団経営を実施するなど、プロ野球の球団経営の在り方にも一石を投じています。

　西武鉄道は、長らく堤一族の同族経営の時代が続きましたが、2004年(平成16年)に有価証券報告書に虚偽の記載があったため、上場が廃止されただけでなく、西武グループのドンとして君臨していた堤義明が逮捕されるなど、社会的信用が低下して会社の経営に関しても、先行きへの不安が生じました。

　再度、東証一部上場を目指していた時、米国のサーベラスから西武鉄道の秩父線や多摩湖線、山口線などの不採算路線の廃止や、埼玉西武ライオンズの売却などを迫られる危機が発生しました。

　幸いなことに、埼玉西武ライオンズは埼玉県のチームとして根付いていたことや、堤義明は西武グループの経営から身を引いていましたが、堤康次郎の「感謝と奉仕」「三方良し」という経営理念が生きており、また2005年(平成17年)以降の経営改革により、財務、収益基盤が筋肉質になっていたことにより、西武鉄道の路線廃止や

埼玉西武ライオンズの売却は免れました。

　堤義明が経営から身を引いてからは、西武鉄道の企業カラーが大きく変わりました。従来の「質より量」から、「質を追求するサービス」への変化を打ち出しただけでなく、車両のデザインに関しても、女性社員の意見を積極的に取り入れるようになりました。新しいスローガンとして、「でかける人を、ほほえむ人へ。」を掲げ、総合生活産業という企業文化になりました。

　2014年(平成26年)4月に東証一部へ再上場した後は、「環境に配慮した経営」を行うようになっています。車両を製造する際は、ステンレスよりも軽量化が図れるアルミ合金を採用し、車内照明にはLEDを採用して省エネを図っています。2019年(平成31年)3月のダイヤ改正で導入された新型特急の「Laview」も、アルミ合金の車体が採用され、女性の建築デザイナーが車体をデザインするなど、女性の感性が光るようになりました。

　「Laview」と並ぶ西武鉄道の看板列車である「52席の至福」では、秩父地域の観光や地域活性化だけでなく、環境問題についても取り組んでいます。

　その他、ユニークな試みとしては、線路の除草にヤギを活用して、CO_2の排出量の削減を試みたり、「西武鉄道の森づくり」や「駅の緑化」などがあります。

　このように西武鉄道や西武グループの企業カラーは大きく変わっており、今後も「でかける人を、ほほえむ人へ。」のスローガンの下、更なる発展が期待されます。

参考文献

著書

斎藤峻彦『交通市場政策の構造』中央経済社、1991年

中条潮『公共料金2000』通商産業調査会、2000年

野村克也『巨人軍論―組織とは、人間とは、伝統とは』角川oneテーマ21、2006年

土居靖範『交通政策の未来戦略』文理閣、2007年

野村克也『あぁ、阪神タイガース―負ける理由、勝つ理由』角川oneテーマ21、2008年

土居靖範『生活交通再生―住み続けるための"元気な足"を確保する』自治体研究社、2008年

香川正俊・澤喜司郎・安部誠治・日比野正己 編著『都市・過疎地域の活性化と交通再生』成山堂書店、2010年

堀内重人『鉄道・路線廃止と代替バス』東京堂出版、2010年

堀内重人『地域で守ろう！鉄道・バス』学芸出版社、2012年

『写真で見る西武鉄道100年』ネコ・パブリッシング、2013年

堀内重人『チャレンジする地方鉄道』交通新聞社、2013年

「特集西武鉄道」『鉄道ピクトリアル』電気車研究会、2013年12月臨時増刊号

堀内重人『元気なローカル線のつくりかた』学芸出版社、2014年

広岡友紀『リゾート開発と鉄道財閥秘史』彩流社、2014年

日本鉄道車両研究会『西武鉄道の百年 前編』彩流社、2015年

日本鉄道車両研究会『西武鉄道の百年 後編』彩流社、2016年

西武ホールディングス『Seibu Holdings 10th Anniversary Book』2016年

堀内重人『観光列車が旅を変えた』交通新聞社、2016年

塩見英治・堀雅通・島川崇・小島克巳編著『観光交通ビジネス』成山堂書店、2017年

金子 勝『平成経済 衰退の本質』岩波新書、2019年

水野和夫・山口二郎『資本主義と民主主義の終焉』祥伝社新書、2019年

堀内重人『「しまかぜ」「青の交響曲」誕生の物語』アルファベータブックス、2019年

西武鉄道『会社要覧2019』2019年

斎藤峻彦『鉄道政策の改革―鉄道大国・日本の「先進」と「後進」』成山堂書店、2019年

堀内重人『旅する親子鉄』交通新聞社、2019年

論文

土居靖範、「規制改革で深まる都市交通の危機と政策課題」『都市問題研究』
　2001年12月号
青木栄一「21世紀の地方交通線問題を考える」『鉄道ジャーナル』2004年8月号
下村仁士、堀内重人「NPOによる交通事業経営の可能性と課題」『公益事業研究』2005年
下村仁士「市民参加による公共交通運営の可能性」『交通権』NO23、2006年6月
斎藤峻彦「不採算公共交通政策の経緯と課題」『関西大学商学論集』第50巻第
　3・4号合併号、2005年
森津秀夫「都市交通におけるICカードの可能性」『JREA』2006年8月号
鈴木文彦「三木鉄道/北条鉄道」『鉄道ジャーナル』2007年9月号
堀内重人「トラックから鉄道へのモーダルシフトの模索」『政経研究』NO91、2008年
宝田惇史「鉄道事業における社会的価値の評価と市民参画に関する研究──え
　ちぜん鉄道の事例に──」『日本地域政策研究』日本地域政策学会、2009年

インターネット

中川浩一の西武鉄道史
http://ktymtskz.my.coocan.jp/nakagawa/seibu.htm
西武鉄道のHP
https://www.seiburailway.jp/company/history/the-history-of-100-years/
index.html
細川幸一「西武Sトレイン、ダイヤ改正で『不人気』脱却か」
https://toyokeizai.net/articles/-/205650
西武秩父線と西武特急の半世紀 その1 前史1〜西武秩父線開業まで
https://ameblo.jp/sasurai-museum/entry-12434646225.html
西武秩父線と西武特急の半世紀 その2 前史2〜幻の小鹿野町・軽井沢延伸計画
幻の小鹿野町・軽井沢延伸計画
https://ameblo.jp/sasurai-museum/entry-12436357825.html
西武鉄道 News Release
https://www.seiburailway.jp/news/news-release/2019/20190921_lions.
pdf#search=%27%E8%A5%BF%E6%AD%A6%E9%89%84%E9%81%93+%E
5%84%AA%E5%8B%9D%E8%A8%98%E5%BF%B5%E4%B9%97%E8%BB%
8A%E5%88%B8%E3%81%AE%E8%B2%A9%E5%A3%B2%27

ジオパーク秩父とは

https://www.chichibu-geo.com/about/

乗り物ニュース「方向転換を解消する西武「短絡線」計画 建設用地の確保から数十年、実現の可能性は？」

https://trafficnews.jp/post/86161

西武プリンス倶楽部 カードの種類・入会

https://club.seibugroup.jp/card/

資料

西武鉄道×秩父エリア　環境活動・地域貢献活動プロジェクト 2018年度活動報告

【著者略歴】

堀内 重人（ほりうち しげと）

1967年生まれ。立命館大学大学院経営学研究科博士前期課程修了。運輸評論家として執筆や講演活動、テレビ出演などを行なう傍ら、NPOなどで交通問題を中心とした活動を行なう。日本交通学会、公益事業学会、日本海運経済学会、交通権学会会員。主な著書に『高速バス』(グランプリ出版)、『鉄道・路線廃止と代替バス』(東京堂出版)、『地域で守ろう！鉄道・バス』(学芸出版社)、『新幹線VS航空機』(東京堂出版)、『ユニークな地方鉄道』(交通新聞社)、『元気なローカル鉄道のつくりかた』(学芸出版社)、『寝台列車再生論』(戎光祥出版)、『ビジネスのヒントは駅弁に詰まっている』(双葉社)、『観光列車が旅を変えた～地域を拓く鉄道チャレンジの軌跡～』(交通新聞社)、『地域の足を支えるコミュニティーバス・デマンド交通』(鹿島出版会)、『「しまかぜ」「青の交響曲」誕生の物語』（アルファベータブックス）などがある。

「Laview」「52席の至福」と西武鉄道の行楽客輸送

発行日　2020年12月10日　初版第1刷発行

著　者　堀内重人

発行人　春日俊一
発行所　株式会社 アルファベータブックス
　　　　〒102-0072 東京都千代田区飯田橋2-14-5 定谷ビル
　　　　Tel 03-3239-1850　Fax 03-3239-1851
　　　　website https://alphabetabooks.com
　　　　e-mail alpha-beta@ab-books.co.jp

印　刷　株式会社エーヴィスシステムズ
製　本　株式会社難波製本
ブックデザイン　春日友美
カバー画像提供　西武鉄道株式会社

「しまかぜ」「青の交響曲」誕生の物語 ISBN978-4-86598-069-1 (19・06)

魅力ある観光特急の開発をし続ける大手民間鉄道・近畿日本鉄道の挑戦!! 堀内 重人 著

昨今の少子化や過疎化、人口減少社会の到来や高速道路の延伸による競争激化
など、厳しい時代に直面する中で、魅力のある観光特急「しまかぜ」と「青の
交響曲(シンフォニー)」を開発することで、自社の魅力を高めることを試み
る近鉄の現状を紹介!! 四六判並製 定価2000円+税

西武鉄道沿線アルバム ISBN978-4-86598-865-9 (20・11)

昭和〜平成 牧野 和人 解説

時代の先端を駆け抜けた軽快な西武鉄道の懐かしい車両の写真集! 東京西北部から埼玉西南部
にかけて、日本の大手私鉄としては5番目に長い路線網をもつ西武鉄道。その歩みは川越鉄道
の開業から武蔵野鉄道の開業、旧西武鉄道の成立に多摩鉄道の買収合併、多摩湖をめぐる鉄道
の盛衰を経るなど複雑多岐にわたる路線の変遷があった。 B5判並製 定価2700円+税

京浜急行沿線アルバム ISBN978-4-86598-864-2 (20・10)

昭和〜平成 山田 亮 解説

時代の先端を駆け抜けた軽快な京浜急行電鉄の懐かしい車両の写真集! 私鉄屈指の高速
鉄道として京浜間を国鉄(現・JR)と並走し、三浦半島へ路線を展開する京浜急行電鉄。
路面電車からスタートした京急は、昭和初期には都市の高速電気鉄道に躍進しました。
本書ではそれら京急の一時代を築いた名車両を紹介!! B5判並製 定価2700円+税

東武スカイツリーライン沿線アルバム ISBN978-4-86598-863-5 (20・09)

昭和〜平成 牧野 和人 解説

東武スカイツリーライン全駅・伊勢崎線・日光線・亀戸線・大師線の沿線記録! 【本書の収録駅】浅草、とうきょ
うスカイツリー、押上、曳舟、東向島、鐘ケ淵、堀切、牛田、北千住、小菅、五反野、梅島、西新井、竹ノ塚、谷
塚、草加、獨協大学前、新田、蒲生、新越谷、越谷、北越谷、大袋、せんげん台、武里、一ノ割、春日部、北春日
部、姫宮、東武動物公園、和戸、久喜、杉戸高野台、幸手、南栗橋。 B5判並製 定価2700円+税

名鉄の支線、廃線 上巻(三河・知多編、瀬戸線) ISBN978-4-86598-861-1 (20・06)

1960年代〜90年代の思い出アルバム 生田 誠 著

名鉄の支線と廃線の懐かしい鉄道風景写真集! 【上巻の掲載路線】<現役路線>
常滑線、空港線、築港線、河和線、知多新線、豊川線、西尾線、蒲郡線、三河線、
豊田線、瀬戸線。<廃止路線>小坂井支線、安城支線、平坂支線、岡崎市内線、福
岡線、挙母線、門立支線。<譲渡路線>渥美線。 B5判並製 定価2700円+税

名鉄の支線、廃線 下巻(尾張・美濃編)　ISBN978-4-86598-862-8 (20·07)

1960年代〜90年代の思い出アルバム　　　　　　　　生田 誠 著

名鉄の支線と廃線の懐かしい鉄道風景写真集!【下巻の掲載路線】<現役路線>犬山線、小牧線、広見線、各務原線、津島線、尾西線、竹鼻線、羽島線。<廃止路線>一宮線、岩倉支線、モンキーパークモノレール線、勝川線、八百津線、清洲線、起線、岐阜市内線、田神線、美濃町線、鏡島線、高富線、揖斐線、谷汲線。　B5判並製　定価2700円＋税

名鉄名古屋本線 上巻(豊橋〜神宮前)　ISBN978-4-86598-859-8 (20·03)

1960年代〜90年代の思い出アルバム　　　　　　　　生田 誠 著

1960年代〜90年代の名鉄名古屋本線(豊橋〜神宮前)沿線各駅の鉄道と周辺の懐かしい風景写真が満載の思い出アルバム。上巻では、岡崎城や熱田神宮など名所・旧跡の多い名古屋本線東側の歴史を振り返りつつ、車両や沿線の風景を紹介する。　B5判並製　定価2700円＋税

名鉄名古屋本線 下巻(金山〜名鉄岐阜)　ISBN978-4-86598-860-4 (20·05)

1960年代〜90年代の思い出アルバム　　　　　　　　生田 誠 著

1960年代〜90年代の名鉄名古屋本線(金山〜名鉄岐阜)沿線各駅の鉄道と周辺の懐かしい風景写真が満載の思い出アルバム。下巻では、名古屋本線の西側の路線の歴史を振り返りつつ、歴代の名鉄の車両や沿線風景の変遷を豊富な写真、絵葉書などで紹介する。　B5判並製　定価2700円＋税

北陸の鉄道　　　　　　　　　ISBN978-4-86598-858-1 (20·02)

私鉄・路面電車編【現役路線・廃止路線】　　　　　牧野 和人 解説

個性あふれる昭和の時代の記憶……富山、石川、福井を走った北陸の鉄道。その私鉄・路面電車編。京福電気鉄道、福井鉄道、北陸鉄道、尾小屋鉄道、富山地方鉄道、黒部峡谷鉄道、加越能鉄道……昭和の時代に富山、石川、福井を走った鉄道と路面電車を、当時の駅や沿線の風景とともに写真で振り返る。　B5判並製　定価2700円＋税

北陸の鉄道　　　　　　　　　ISBN978-4-86598-857-4 (20·01)

国鉄・JR編【現役路線・廃止路線】　　　　　　　牧野 和人 解説

個性あふれる昭和の時代の記憶……富山、石川、福井を走った北陸鉄道。その国鉄・JR編。北陸本線、小浜線、越美北線、七尾線、能登線、氷見線、城端線、高山本線、富山港線……。昭和の時代に富山、石川、福井を走った鉄道と路面電車を、当時の駅や沿線の風景とともに写真で振り返る。　B5判並製　定価2700円＋税

アルファベータブックスの鉄道書

関西本線
ISBN978-4-86598-856-7 (19・12)

1960年代〜90年代の思い出アルバム
牧野 和人 著

昭和〜平成初期の懐かしい関西本線の記録！　今年開業130周年を迎えた「関西本線」は大阪と奈良を結ぶ鉄道として開業。その後、名古屋と奈良が結ばれ、「関西本線」の名にふさわしい路線になった。本書には、蒸気機関車・ディーゼルカー・101系通勤電車をはじめ、昭和の時代の懐かしい車両が満載。大きな河川や難所の峠を越えて、大阪府〜奈良県〜京都府〜三重県〜愛知県の175キロを走り抜ける懐かしい鉄道風景。　**B5判並製　定価2700円＋税**

九州の鉄道
ISBN978-4-86598-855-0 (19・11)

私鉄・路面電車編【現役路線・廃止路線】
安田 就視 写真　　山田 亮 解説

好評の鉄道シリーズ、待望の九州3部作が刊行‼　九州の私鉄・路面電車の現役路線と廃止路線を写真と文章で綴る。貴重な写真が満載！　西日本鉄道、筑豊電気鉄道、島原鉄道、福岡市営地下鉄、北九州モノレール……九州の現役の私鉄、路面電車、公営鉄道と、すでに廃線になっている各私鉄、専用鉄道を紹介‼　**B5判並製　定価2700円＋税**

九州の鉄道
ISBN978-4-86598-854-3 (19・10)

国鉄・JR編【廃止路線】
安田 就視 写真　　牧野 和人 解説

好評の鉄道シリーズ、待望の九州3部作が刊行‼　九州の国鉄・JRの廃止路線を写真と文章で綴る。芦屋線、香月線、佐賀線、高千穂線、志布志線……九州の国鉄・ＪＲの廃止路線が生きていた頃の様子を、九州北部・九州南部に分けて紹介する。貴重な写真が満載‼　**B5判並製　定価2700円＋税**

九州の鉄道
ISBN978-4-86598-853-6 (19・09)

国鉄・JR編【現役路線】
安田 就視 写真　　牧野 和人 解説

好評の鉄道シリーズ、待望の九州3部作が刊行‼　九州の国鉄・JRの現役路線を写真と文章で綴る。山陽新幹線、九州新幹線、鹿児島本線、指宿枕崎線、長崎本線、佐世保線、日豊本線、宮崎空港線……。国鉄・ＪＲの九州の現役路線を紹介する。蒸気機関車から、国鉄型特急車両や客車列車、新型車両まで、貴重な写真が満載‼　**B5判並製　定価2700円＋税**

中央東線
ISBN978-4-86598-851-2 (19・06)

1960年代〜90年代の思い出アルバム
山田 亮 著

1960年代以降の中央東線（新宿〜甲府・松本間）の列車、蒸気機関車、懐かしい駅舎も紹介！　新宿〜八王子間開業130年記念出版！　東京から長野県の塩尻を経由して名古屋まで、約400キロに及ぶ中央本線。このうち「中央東線」と呼ばれる区間、東京と信州を結ぶ重要な路線の、1960年代以降の歴史を、懐かしい写真の数々で振り返ります。　**B5判並製　定価2700円＋税**